北京舆图集成

图说京张铁路百年变迁

金靖　白鸿叶　著

北京出版集团
文津出版社

图书在版编目（CIP）数据

图说京张铁路百年变迁 / 金靖，白鸿叶著 . — 北京：文津出版社，2023.1
ISBN 978-7-80554-816-6

Ⅰ . ①图… Ⅱ . ①金… ②白… Ⅲ . ①铁路线路—史料—华北地区—图集 Ⅳ . ① F532.7-64

中国版本图书馆 CIP 数据核字（2022）第 064621 号

项目统筹　董拯民
责任编辑　董拯民
责任印制　燕雨萌
责任营销　猫　娘
封面设计　风尚传媒
内文设计　云伊若水

图说京张铁路百年变迁
TUSHUO JINGZHANG TIELU BAINIAN BIANQIAN

金靖　白鸿叶　著

*

北 京 出 版 集 团 出版
文 津 出 版 社

（北京北三环中路6号）

邮政编码：100120

网　　　址：www.bph.com.cn
北京伦洋图书出版有限公司发行
新 华 书 店 经 销
北京汇瑞嘉合文化发展有限公司印刷

*

787毫米×1092毫米　16开本　20.5印张　230千字
2023年1月第1版　　2023年9月第2次印刷
ISBN 978-7-80554-816-6
定价：98.00元

如有印装质量问题，由本社负责调换
质量监督电话：010-58572393

目 录

第一章

詹天佑与中国铁路

　　詹天佑（1861—1919），号眷诚，字达朝，英文名 Jeme Tien Yow。广东南海（今广州）人，原籍安徽婺源（今江西婺源）。中国著名的铁路工程师，负责修建了京张铁路等工程，有"中国铁路之父""中国近代工程之父"之称。

詹天佑是清朝首批留美幼童之一，10岁留学美国，后考入耶鲁大学雪菲尔德理工学院，学习铁路工程技术。1881年回国之后，他服从安排先后在福州船政学堂学习船舶驾驶、在广东博学馆担任英文教习。1888年，经留美同学邝景扬的推荐，他进入中国铁路公司，参与津沽铁路的修建，从此投身于中国铁路建设。此后直到1919年逝世，他先后参与了津沽、津卢、关内外铁路、萍醴、西陵支线、京张、张绥、津浦、潮汕、洛潼、沪宁、川汉、粤汉等铁路的修建筹备工作。在修筑铁路的过程中，詹天佑不惧艰苦、勤于思考、勇于担当，解决了一项又一项难题。他用气压沉箱法解决了滦河大桥桥墩打桩问题；只用了4个月的时间建成西陵铁路；采用西方先进的自动式挂钩——姜坦车钩，解决了老式车钩容易造成翻车事故的问题；他率先使用用于矿山的拉克洛炸药爆破开凿山岭隧道，解决了以前炸药安全性差的问题；他设计了"之"字形铁路，解决了八达岭段急坡行车的难题。在他的带领下，完全依靠中国工程师们修筑的京张铁路难度之大、质量之优、进度之快，是中国铁路建造史上乃至世界铁路建造史上前所未有的奇迹。

除了修筑铁路外，詹天佑还致力于中国铁路建设的长远发展，他参与制定全国铁路干线网的规划，积极推动铁路建设技术标准与规范的制定和实施，注重铁路建设人才的培养，发展新生力量。由于他在修筑铁路时坚持采用标准轨距，摒弃窄轨铁路，使得全国的铁路可以相互通达；他在修建京张铁路时编制了我国第一条铁路工程标准图——《京张铁路工程标准图》；他制定各级工程师和工程学员的工资标准以及考核制度，鼓励与督促青年工程师努力提高技术能力；他主张中外工程师同工同酬，维护中国工程师权益；他成立了中华工程师会，推动中国工程科技人才的学术研究与交流。

詹天佑是我国铁路事业的先驱者和奠基者，他开创了中国人铁路自主设计与建设的先河，李四光在詹天佑诞辰百年纪念大会上的讲话中说道："詹天佑先生领导修建京张铁路的卓越成就，为当时深受侮辱的中国人民争了一口大气，表现了我国人民伟大的精神和智慧，昭示着我国人民伟大的将来。詹天佑的自力更生、发愤图强、不怕困难、艰苦奋斗的精神，是他对我国人民和古代科学家、工程师的伟大精神传统和创新才能的继承和发扬，也是他遗留给我们今天科学技术界的伟大精神遗产。"

第一节
赴美学习铁路工程技术

詹天佑，1861年4月26日出生于广东省城广州^①，祖籍安徽婺源，祖上均以经营茶叶外贸生意为生。1860年10月，第二次鸦片战争结束，中国战败，受战争影响，广州各对外贸易的中小商行均濒临破产，詹天佑父亲的茶叶外贸商行也衰败停业了，詹天佑就出生在这国破家衰之时。尽管家计艰难，詹天佑的父亲还是送他去私塾学习中国的传统文化，又由于地理条件的便利，詹天佑也接触到了各种西洋机器，并对此产生了兴趣。

詹天佑出生和生活的年代，正是中国社会激烈动荡与转型的时代。鸦片战争的失利，揭露了清政府的腐败无能，其政治腐败、经济停滞、军事孱弱，一些有志之士开始积极去探索和寻找改变的良策。

---

① 胡文中：《詹天佑籍贯、出生地之我见》，《广州大学学报》（综合版）1999年第1期。

少年詹天佑

中国近代史上首位留学美国的学生、著名的爱国者与改革家——容闳，在其留学回国后，就一直积极推动教育救国，他认为"予意他日中国教育普及，人人咸解公权、私权之意义，尔时无论何人，有敢侵害其权力者，必有胆力起而自卫矣"[①]。在容闳回国多年以后，历尽挫折，才于1870年夏得到机会，向曾国藩等洋务派首领提出了选拔幼童分年分批赴美留学的建议，并得到了赞同与支持。1871年9月，清政府批准了《挑选幼童前赴泰西肄业章程》，开启了中国近代第一次留学运动。

1871年，詹天佑正值读完私塾考虑将来出路之际，詹家的挚友谭伯邨在香港得知选拔幼童赴美留学的消息后，立即赶回广东南海，力促詹天佑赶去香港报考。詹天佑已读过四五年私塾，考试顺利通过。与詹天佑一起在香港被录取的还有梁敦彦、容尚谦、吴仰曾、邝荣光、欧阳赓等人。留学回国后，他们几人都曾在工作上有着交集。1881年，留美幼童被召回后，欧阳赓曾与詹天佑同被派往福州船政学堂，

----

① 容闳著：《西学东渐记》，徐凤石、恽铁樵译，长沙：湖南人民出版社，1981年。

1883 年欧阳赓再次赴美；在修筑京张铁路时，时任天津海关道的梁敦彦向袁世凯力荐詹天佑；邝荣光回国后被派往开平煤矿，成为我国著名的采矿专家，在修筑京张铁路时，邝荣光对八达岭山洞及京张铁路鸡鸣山煤矿的开采给予了很大的帮助。

　　1872 年，詹天佑接到通知，去香港与其他幼童一同前往上海，进入"上海留美预备学堂"受训。因为他们幼年离家，又远赴美国，生死莫测，因此清政府要求家长要给"幼童出洋肄业局"具结画押，表明"倘有疾病，生死各安天命，此结是实"。在接受中英文的补习后，包括詹天佑在内的首批 30 名年龄 10 岁到 15 岁的留美幼童，在留学生监督委员陈兰彬的带领下启程离开上海，横渡太平洋，带着学习救国的期盼到美国学习。

首批赴美留学幼童（最后一排左三为詹天佑）

到达美国后，根据容闳的安排，幼童们三三两两地被安排住在美国老师的家中，由老师负责他们的学习和生活，詹天佑和欧阳赓一起住进了诺索布老师家。诺索布先生是康涅狄格州西黑文滨海男生学校的校长，诺索布夫人原是山房高级中学的教师。诺索布先生和夫人对他们关怀备至，詹天佑回国后一直与诺索布夫人有书信往来。詹天佑先后在滨海男生学校、山房高级中学学习，学习认真，成绩优异。1876年，美国建国100周年时，在费城举办了一个百年博览会，展出美国100年来各项成就以及最新的科学技术成果，在这次博览会上，詹天佑和小伙伴们看到了蒸汽机、电话、电梯、印刷机、枪炮武器等，并乘坐了火车。1878年，詹天佑中学毕业后决定考入耶鲁大学雪菲尔德理工学院，学习铁路工程专业。在三年的大学生活中，詹天佑刻苦攻读，两次获得数学奖，在毕业考试中得了全校第一。1881年，20岁的詹天佑完成了毕业论文《论大码头的起重机》，顺利获得耶鲁大学的毕业证书。詹天佑这份论文的英文手书原件，现在珍存于中国国家图书馆名家手稿库。

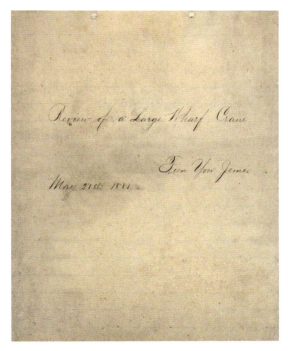

《论大码头的起重机》英文手稿

按照留美计划，詹天佑还将在美国进行两年的考察与游历，由于清政府保守势力对留

1881 年詹天佑与大学同学（四排左三为詹天佑）

学事业的歪曲，加之美国政府排华的逆流，清政府终止了这一留美项目，下令撤回全部留美学生。1881 年，学业有成的詹天佑踏上了回国之路，准备学以致用、建设祖国。

詹天佑赴美学习铁路工程技术离不开两位贵人的相助，一位是留学运动的发起者——容闳，另一位是詹家挚友谭伯邨。容闳几十年一直为赴美留学奔波努力，在幼童赴美留学计划获准后，由于招生不理想，他又亲赴香港，宣传招生。招生人满，容闳先行赴美，提前为留美幼童安排住宿学习场所，之后，作为"驻洋肄业局"的副委员，一直负责孩子们在美国的教育。教育史学家舒新城先生在《近代中国留学史》中说："无容闳，虽不能一定说无留学生，即有，也不会如斯之早，而且派遣方式，也许是另一个样子。故欲述留学之渊源，不可不先知容闳。"因此可以说，无容闳，就无今之詹天佑。

容闳像

另一位贵人谭伯邨是詹天佑父亲詹兴洪的朋友。谭伯邨看詹天佑聪明过人、爱好学习，十分喜欢他，并经常从香港带一些新式画报给他，使得詹天佑从小就接触到了西方的科技、经济、历史等方面的知识。在得知清政府招收幼童赴美留学的消息后，谭伯邨立刻从香港回到南海，劝说詹天佑的父母报名。当时，很多父母是不能接受把幼小的孩子送到遥远未知的外国的，为了打消詹兴洪夫妇的顾虑，谭伯邨甚至表示，如果让詹天佑留学，就把自己的女儿谭菊珍许给詹天佑为妻。就这样，詹天佑到香港参加了招生考试，顺利被录取。

第二节
投身中国铁路建设

1881 年 6 月，中国自建的第一条铁路——唐胥铁路（唐山至胥各庄），终于获得清政府的同意，开始动工兴建。唐胥铁路，为开平煤矿外运而建，全长不到 10 公里，虽然由于清政府忌讳火车的巨响和黑烟会破坏东陵的风水，只允许用骡马拖拉，但这条马车铁路却开启了中国兴建铁路的先河。

1881 年 10 月，20 岁的詹天佑从美国回到上海，并未被分配去建造铁路，而是被分配到福州船政学堂学习船舶驾驶，留美同学中还有欧阳赓、容尚谦、吴应科等 13 人与他一同前往。第二次鸦片战争和太平天国运动之后，清政府认为"中国但有开花大炮、轮船两样，西人即可敛手"[①]，于是洋务运动兴起，洋务派开始创办新式军事工业，训练新式海陆军，其中就有左宗棠、沈葆桢创办的福州船政

---

① 吴汝纶：《李文忠公（鸿章）朋僚函稿》，台北：文海出版社，1967 年。

天佑（前排居中者）在广东博学馆任英文教习

学堂，以培养中国自己的海军驾驶、舰船制造人才。虽然被迫改行，詹天佑仍然刻苦认真，他以一等第一名的成绩成为福州船政学堂第八届驾驶班的毕业生。从福州船政学堂毕业后，詹天佑在"扬武"舰上工作了一年左右，"光绪十年正月蒙钦命船政大臣何（如璋）升授船政局水师学堂教习"①。因为教学成绩卓然，詹天佑被"赏给五品顶戴"。1884 年中法战争爆发后，在"马江之战"中，"扬武号"被击沉，福州水师损失惨重，福州船政学堂校舍被炮火摧毁，詹天佑被迫暂停教习工作。1884 年 4 月，两广总督张之洞为了大力培养广东的陆军海军军官，在珠江黄埔岛上开办了"博学馆"；10 月，他调詹天佑到广州博学馆任英文教习。詹天佑在此除了教英文外，还奉命测绘了广东沿海海图及海防险要地形图，并参与修筑广东沿海炮台。1888 年，在从事船政海防将近 7 年后，27 岁的詹天佑接到中国铁路公司发来的调令，命他去津沽铁路任帮工程司②。

---

① 经盛鸿、经姗姗：《詹天佑：从南海幼童到中国铁路之父》，广州：广东人民出版社，2018 年。

② 帮工程司，为清代的职称，相当于助理工程师。清代的"工程司"与现代的"工程师"的区别在于工程司有一定的业务管理指挥权。

初试身手——津沽铁路

1888 年，经詹天佑的同乡同学邝景扬的推荐，詹天佑进入中国铁路公司，作为英国总工程师金达的助手，开始了自己第一条铁路——津沽铁路的修建，也开启了投身铁路事业的开端。

在李鸿章的主持下，1881 年底，中国自建的第一条铁路——唐胥铁路建成，之后李鸿章计划以唐胥铁路为基点，逐步扩展，南通天津，北至山海关。中法战争结束后，清政府认识到铁路的重要性，对修建铁路的反对态度也有所缓和。1887 年，唐胥铁路延伸修建到芦台（今天津市宁河区），成为唐芦铁路。之后，清廷又同意将唐芦铁路延伸至天津，1887 年底开始动工。这条铁路自芦台向南偏西，经汉沽，过蓟运河，到达塘沽，再从塘沽到达天津。

刚开始修筑这条铁路时，英国总工程师金达受到了德国工程师鲍尔的挑战，为了对抗鲍尔，金达想选用一名中国技术人员做助手，以壮大自己的势力。最初的人选是开平矿务局的邝景扬，邝景扬是第三批赴美留学幼童之一，也是詹天佑的同乡，但邝景扬深知自己的水平不如铁路专业的詹天佑，于是他向金达推荐了詹天佑。1888 年 5 月，詹天佑入职后，受命主持塘沽到天津间的铺轨工程，詹天佑深入工地现场，亲力亲为，工程进展迅速。10 月，津沽铁路竣工，与之前的铁路连成津唐铁路。李鸿章亲自查验，乘火车从天津至唐山，并在奏折中极力称赞火车的平稳快速，为轮船所不及。

唐铁路建成后，李鸿章率大臣视察。图中前排左起第四人为李鸿章

初遇挑战——津榆铁路中的滦河大桥

  津唐铁路通车后，李鸿章趁热打铁，极力主张修建津通铁路（天津—通州），而张之洞则主张修建卢汉铁路（北京卢沟桥—湖北汉口），但由于日俄两国势力对我国东北地区的威胁日渐加剧，清政府在1890年决定赶修关东铁路，以加强东北防务。关东铁路从津唐铁路的唐山站为起点，过山海关向关外延伸，经锦州、广宁、新民厅，至沈阳，以至吉林，作为干线，然后由沈阳造支线至牛庄、营口。

  1891年9月，关东铁路开工，英国人金达任总工程师。最先修筑的是唐山至山海关段，因山海关又称榆关，因此这段铁路又被称为津榆铁路。此段铁路分三段先后筑成,第一段工程是从唐山至古冶,第二段是从古冶至滦县,第三段是从滦县至山海关。詹天佑负责督修第二段从古冶至滦县这段工程。1892 年初,铁路修至滦河边,需架设铁路桥跨越滦河。由于滦河河宽流急,河床地质结构复杂,在基础打桩阶段,总工程师金达先后任用英国、日本、德国工程师施工,都连遭失败。金达病急乱投医,想到了詹天佑技术水平过硬,又熟悉中国各方面的情况,于是詹天佑临危受命,接受了第一次挑战。

詹天佑分析了外国工程师失败的原因,又研究了滦河的水流与河床的地质情况,经过周密的调查,最后提出改变桥址和采用气压沉箱法建造桥墩的方案。最初的桥址所在位置水面较窄,但水流湍急不利于修筑桥墩,所以詹天佑重新选择了桥址。在建造桥墩的过程中,詹天佑采用了气压沉箱法,“气压沉箱原理,简略言之,即将密不透水之无底巨箱,倒置陈放于河床上,灌压缩空气于箱中,至箱内空气压力与箱外河底水压力相等,则箱内无水,河底露出,工人可在其上,将基础混凝土灌注于坚硬的岩层地基上”①。詹天佑采用传统的

滦河大桥气压沉箱法施工现场

① 詹同济、黄志扬、邓海成等:《詹天佑生平志——詹天佑与中国铁路及工程建设》,广州:广东人民出版社,1995 年。

精通水性的"水鬼"潜入滦河深处，配合现代的机械进行打桩，取得了开创性的成功。在修建大桥的过程中，詹天佑始终亲临工地，就地取材，选用当地石材而非进口水泥，节省了大量资金，并向建筑工匠学习，解决了石材黏合剂的问题[①]。历时两年多，滦河大桥终于按期竣工，670 米的滦河大桥成为 19 世纪末中国最长的铁路大桥。

滦河大桥的成功，证明了以詹天佑为代表的中国工程师学识渊博、胆识过人、深入实际、勇于创新。1894 年，33 岁的詹天佑被英国土木工程师学会甄选为会员，这是中国工程师被选入该会的第一人。

工后的滦河大桥

---

① 张海超：《追溯滦河大铁桥》，《寻根》2020 年第 5 期。

初勘路线——津卢铁路

1895 年甲午战争失败后，清政府终于认识到铁路的重要性，一反之前对修建铁路怀疑阻挠的态度，光绪皇帝、中央和地方的大臣都把修建铁路视为重中之重。早在 1888 年，李鸿章就提议修筑天津至通州的铁路，但因众多官员反对而搁置。1895 年，因刘坤一提议，

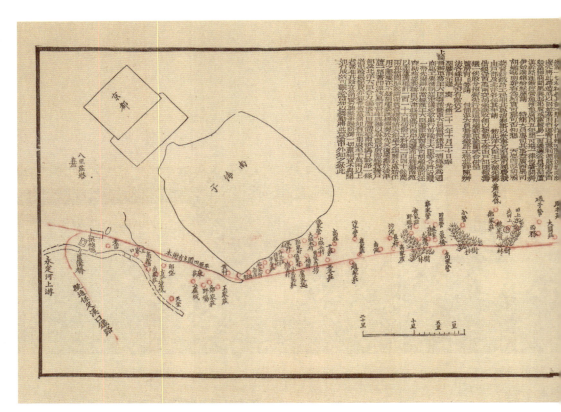

胡燏棻勘察津卢线路图 [京奉铁路（北京至天津）]

清政府派胡燏棻勘察津卢线路，后同意修建，因怕铁路破坏东陵的风水，所以将终点由京东通州改为京西卢沟桥。

在计划修建的津卢（天津—卢沟桥）、卢汉（卢沟桥—汉口）、粤汉（广州—汉口）、关内外铁路中，清廷决定先动工修建津卢铁路，由胡燏棻督办，总工程师仍为英国人金达，詹天佑任筑路工程司。和前两次的铁路工程不同，詹天佑加入时，整个铁路工程还处于准备和筹建状态，他奉命进行测勘选线工作。根据金达的设计，津卢线的终点设在比卢沟桥更靠近北京城的丰台，并且为了节省路程，

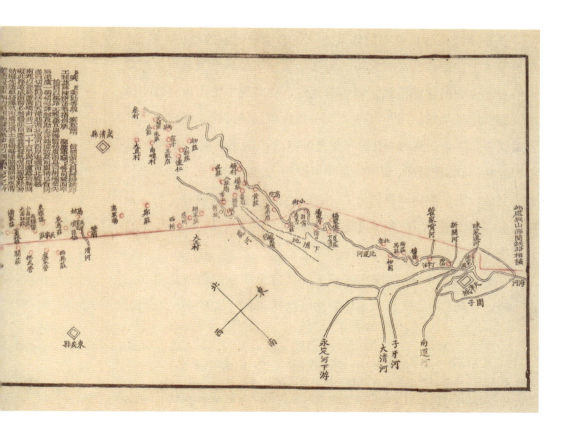

路线需穿南苑而过。詹天佑在给美国老师诺索布的信中提到了此次的勘察工作："去年，一家私人公司成立，拟修筑由天津到北京的铁路，然后再南达长江的港口。我负责率队测量，提出初步报告，很可惜计划未能实现，因为有关方面未采纳。现在，政府拟修天津到北京的铁路，我即在此公司工作。一切刚开始，本路大约有七十四英里长，预计一年半时间完工。我是工程师之一。"① 信中说到的詹天佑的计划未能实现，是指清政府为保护皇室猎苑，不允许铁路穿过南苑，也不同意铁路的终点设在丰台，因此詹天佑的测量定线报告作废。

铁路定线是非常重要的环节之一，影响着国家的经济、政治、军事等各个方面。此次詹天佑的测量定线方案虽然没被采用，但詹天佑在此方面的才能得到了锻炼与肯定，为实现中国人自立自主修建铁路奠定了基础。1897 年底，筹备修筑粤汉铁路时，湖南巡抚陈宝箴就曾向主管此路的王文韶、张之洞提出："国家重务，事在必行，办理较易，惟初勘路时，暂不可用洋工程师，致启疑谣，而误始基矣。"而王文韶、张之洞经调查得出："出洋学生在外国学习铁路工程，回中国后在津榆铁路历练多年可充工程师者，仅有詹天佑、邝景扬二员，皆系粤人。"②

津卢铁路于 1896 年底全线竣工，其自天津东站向西北沿北运河行进，在杨村（今天津武清区）附近跨越北运河，经廊坊、黄村，

---

① 詹天佑科学技术发展基金会、《詹天佑历史文献汇编》编纂委员会：《詹天佑文集》，北京：中国铁道出版社有限公司，2021 年。

② 王文韶、张之洞会奏：《请饬调用中国工程师测勘湘路片》，光绪二十三年九月，[清]盛宣怀：《愚斋存稿》，上海：上海人民出版社，2018 年。

绕过南苑，到达终点站北京西南的卢沟桥。1896 年，胡燏棻上奏，建议在右安门外的马家堡修建火车站，以利客运和货运，1897 年，马家堡车站建成。津卢铁路虽然建设难度不大，但连接京津重地，火车的快捷舒适改变了王公贵族与官绅对铁路的看法，中国铁路迎来了新的建设高潮。

独当一面——西陵铁路

1902 年，慈禧太后与光绪皇帝从西安回京的途中，过保定，从保定转乘火车经卢汉铁路回到北京，仅用 3 小时。火车快捷、舒适、运量大的特点震惊了慈禧，她认识到要把修建铁路放到重要的位置，并决定第二年去西陵谒陵祭祖时也乘坐火车。因此，清廷计划修建一条西陵支线，从易县的梁各庄西陵到新城县的高碑店，与卢汉铁路相接，并且把修建此条支线的任务交给直隶总督、北洋大臣兼关内外铁路大臣袁世凯，限时 6 个月完工。在聘请总工程司时，英国和法国双方展开了激烈的争执，互不相让。袁世凯眼瞅着工期越来越短，决定不聘请外籍工程司，而紧急调任詹天佑为新易西陵铁路的总工程司，詹天佑的留美同学梁如浩为总办。此时，詹天佑正在关内外铁路的工地上，仓促受命，工期只剩下 4 个多月。詹天佑的女婿王金职写的《詹天佑生平事略》一文中记载："当时已是冬季，河流冻结了，运输材料麻烦了。材料既缺少，运输又困难，旧钢轨是从京奉路借来，加以调正变直后，铺在岔道上使用，枕木铺得比一般惯例为少，大型建筑物系用临时性建筑，在那 4 个月内，詹天佑每天工作 15 个小时，许多晚上，他不能睡觉。"[1] 为了省时省钱，西陵铁路用旧钢轨代替新钢轨，用木桥代替铁桥，用边筑路边铺轨的方法代替外国路基建成后风干一年才能铺轨钉道的做法。在詹天佑的周密计划下，西陵铁路于 1903 年 3 月提前完工。4 月，慈禧太后与光绪皇帝一行，乘火车从北京出发，经京汉线在高碑店转西陵铁路至易县梁各庄，祭祖后原路返回。慈禧太后对西陵铁路及此次谒陵极为满意，大加赏赐，并升詹天佑为"选用知府"。

　　西陵铁路虽然不长，对当时中国的经济建设和交通运输也无多大的价值，但在中国铁路建设史上却有着十分重要的意义。西陵铁路是中国第一条完全由中国工程技术人员主持、用中国款项建成的铁路，提升了中国社会各界对于独立建设中国铁路的勇气和信心，詹天佑在此次铁路的修建过程中，也积累了整条铁路的勘测、设计、施工的组织管理经验，并进一步取得了清政府的信任，这些都为以后建设京张铁路打下了很好的基础。

---

　　[1] 凌鸿勋、高宗鲁编：《詹天佑与中国铁路》，台北：中央研究院近代史研究所，1977 年。

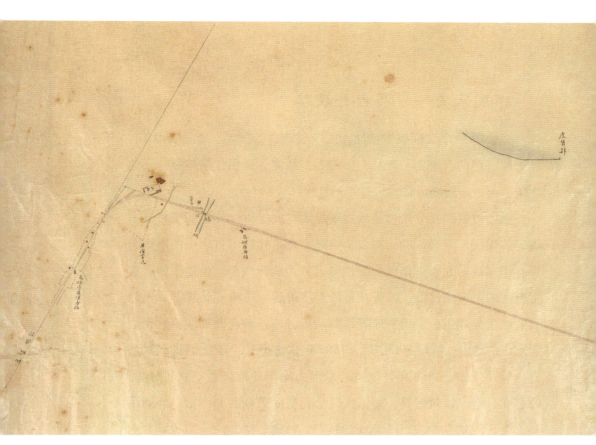

陵铁路图局部

栉风沐雨——关内外铁路

关内外铁路又称京奉铁路、北宁铁路，始发站为北京正阳门，经天津、塘沽、唐山、滦县、山海关、绥中、新民、皇姑屯，到达沈阳奉天，是连接华北、东北的大动脉。

关内外铁路是分段修筑后逐渐连接而成。1881年，为了将开平煤矿的煤运输至最近的出海口，李鸿章奏请修筑了自唐山向西南至胥各庄（今河北省丰南区）的铁路，称为唐胥铁路，也是中国历史上自建的第一条铁路。唐胥铁路投入使用后，1886年，李鸿章以恐兵船之用为理由，奏请将唐胥铁路从胥各庄一端向西延伸修筑至运河东南的芦台，清政府批准后，1887年铁路竣工，与唐胥铁路连接，合称唐芦铁路。1887年，清政府总理海军事务衙门以"以利海防"的名义，请求修筑铁路，中国铁路公司将唐芦铁路向西南，经塘沽至天津，1888年修成，合称唐津铁路。接着，清政府为了加强东北防务，打算修关东铁路，从唐山过山海关至沈阳、吉林。1893年，唐山至山海关段通车，与唐津铁路连成津榆铁路。

1894年，清政府打算继续将铁路修至锦州，受甲午战争影响，工程进展不畅，1897年，修筑至绥中。1896年，天津至北京卢沟桥的津卢铁路通车，1897年，延伸至马家堡。同年，清政府将津榆铁路总局与津卢铁路总局合并组成关内外铁路总局，胡燏棻总理督办全路事务。

除了前文提到的唐津铁路、津榆铁路的古冶—滦州段、津卢铁

路外，1897 年，詹天佑被调到锦州，任驻段工程司，之后詹天佑参
与负责了关内外铁路锦州段（绥中中后所—锦县沟帮子）、营口支线
（锦县沟帮子—营口牛庄）、锦县沟帮子—大虎山段的修筑。之后八
国联军入侵，关内外铁路停工，英国和俄国分别抢占了此条铁路的
关内段和关外段，英国还擅自将铁路从马家堡修筑至正阳门。1901
年《辛丑条约》签订后，英俄答应归还关内外铁路，1902 年詹天佑
负责从英俄占领军处接收关内外铁路，并将铁路修筑至新民屯，从
新民屯至沈阳只剩下约 60 公里了，但是 1903 年底日俄战争爆发，
关内外铁路又一次被迫停工。1905 年，日军占领奉天后即修筑了从

天佑负责从俄国接收关外铁路

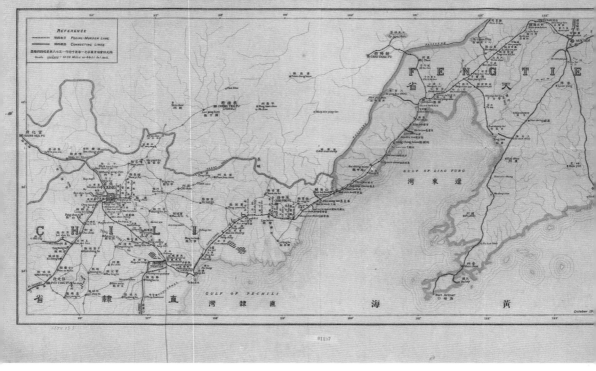

京奉铁路路线全图

　　新民屯至沈阳的铁路，窄轨单线。日俄战争结束后，直到 1907 年清
政府才从日方收回此段铁路，并改窄轨为标准轨距，1908 年竣工，
至此京奉铁路全线开通。

　　从 1888 年开始至 1903 年底，将近 16 年的时间，詹天佑一直奔
波在关内外铁路上，其认真负责与吃苦耐劳的工作精神，赢得了全
体人员的敬佩和赞赏。袁世凯、胡燏棻在《山海关内外铁路告竣援
案请奖在事中外各员片》中，称赞詹天佑在工作中胼手胝足、栉风
沐雨，表现尤为突出，保荐他"免选本班，以道员选用"。

创建奇迹——京张铁路

詹天佑在《京张铁路工程纪略》中写道："张家口在居庸关外，当京师西北，为通蒙古孔道，昔时军事上称为北边之重镇，而商业上实为互市之巨埠，由蒙古所输入以及内地所输出每岁货物价额甚巨，冈不荟萃，于此，以相交易至前清光绪三十一年，始有建筑京张铁路之议。"

1904 年，清政府开始筹划修建京张铁路。由于京张铁路在军事、经济上的重要地位，为了扩大自己的势力范围，英国和俄国在争夺京张铁路修建权上互不相让，最后，清政府决定自建京张铁路，袁世凯在《提拨关内外铁路余利修造京张铁路折》的奏折中称"此路即作为中国筹款自造之路。亦不用洋工程司经理。自与他国不相干涉。仍饬将全路工程测勘完竣。绘具图说。另行核办"。由于京张铁路要穿越险峻复杂的军都山关沟段，技术难度较大，在当时，能担任总工程司一职的只有经过多年历练、经验丰富、技术过硬的詹天佑，并且清朝政府从慈禧太后到军机大臣奕劻，以及袁世凯等人都同意让詹天佑作为京张铁路的总工程司。

1905 年 5 月，詹天佑接到袁世凯的命令，开始对京张铁路进行测量。1906 年 9 月，京张铁路首段（北京丰台柳村站—南口站）通车，1909 年 10 月 2 日，京张铁路顺利建成通车。仅 4 年多的时间，以詹天佑为核心的中国工程技术人员创建了一个奇迹。

京张铁路是完全用中国技术、中国款项、中国力量、独立自主建成的第一条铁路。京张铁路的修建，集聚了当时中国最优秀的铁路技术人才，包括供职于关内外铁路总局的詹天佑留美同学邝景扬，供职于沪宁铁路局的留美归国学生颜德庆，供职于关内外铁路总局的陈西林，陈西林在北洋武备学堂铁路工程班的同学沈琪、翟兆麟、俞人凤等，以及1900年从山海关铁路官学堂毕业的学员。修建京张铁路的费用，之前清政府也曾考虑鼓励民间资本投资，但后来为了保证资金的纯粹性，不掺杂一点外国资金，最后京张铁路全部为清政府官方投资，资金来源于关内外铁路运营的盈利，因此，京张铁路为中国筹款自造之路。

京张铁路的建设难度在当时中国前所未有，甚至在世界上也极其罕见。京张铁路与当时修筑的铁路不同，需要穿越险峻的军都山关沟段。这一段山势陡峻，地形复杂，明末清初著名的军事地理学者顾祖禹记载：“关门南北相距四十里，两山夹峙，下有巨涧、悬崖峭壁，称为绝险。”[①] 因此在此修筑铁路的难度空前。詹天佑与中国的工程师在此打通4条隧道，设计了“之”字形线路，其中最长的八达岭隧道长达1000余米，不仅是国内铁道建筑之最，在世界上也是罕见。

京张铁路建设质量、建设效率之高为世界铁路建设史上的空前壮举，其建设成本之低廉也创造了中国铁路建造的奇迹。京张铁路工程艰巨，但建筑费用远低于同期由外国工程师主持的铁路，京张铁路每千米的费用仅为京汉、关内外铁路的一半，沪宁铁路与津浦铁路的近1/3。这与詹天佑的精打细算、因地制宜、管理规范是分不

---

① 顾祖禹：《读史方舆纪要》，上海：上海书店出版社，1998年。

开的。清政府原计划京张铁路 7 年完工，后要求 5 年（1910 年底）完工，最后工程提前一年于 1909 年 9 月完工，仅用时 4 年多。

　　清末，对于留学归国的学生，制定了《考验游学毕业生章程》，留学归国的学生可以通过考试获得进士、举人出身。后来为了奖励归国多年的留学生，清政府采取了免试奖励办法，"凡专门学成回国在十年以上，学力素优，复有经验者，胪举实绩，或征其著述，经核定择其著述卓然成家，成绩确然其见者，赐予出身。"① 由于詹天佑建成京张铁路的卓越贡献，清政府直接授予詹天佑工科进士第一名，为工科状元。1909 年，詹天佑被美国土木工程师学会吸纳成为正式会员，是加入该学会的中国第一人。

詹天佑所获工科进士印

① 《学部官报》第 24 期，光绪三十三年五月。

南征北战——奔波于全国铁路建设工地

在修筑关内外铁路及京张铁路的过程中，詹天佑还经常临时被请去修筑铁路或解决各地铁路建设过程中的难题，包括湖南萍醴铁路、广东潮汕铁路、沪宁铁路、京汉铁路郑州黄河大桥、津浦铁路济南泺口黄河大桥、洛潼铁路等。

1901 年，由于关内外铁路停修，詹天佑被派往萍醴铁路，督促修筑事宜。萍醴铁路是由江西萍乡通往湖南醴陵，为了解决萍乡煤炭外运而修筑的。煤炭运到醴陵后，走水路到汉阳，就可以为汉阳铁厂提供优质煤炭，而且醴陵也是粤汉铁路线上的一站，粤汉铁路建成后，煤炭就可以直接运往武汉乃至全国各地。

萍醴铁路于 1899 年开工，聘用美国人李治为总工程司。1900 年，由于义和团运动影响，萍醴铁路被迫停工近 10 个月，盛宣怀为了抓紧施工，于是电请詹天佑南下。在修筑萍醴铁路的过程中，詹天佑为了全国铁路轨距的统一，推翻了之前李治采用美国铁路轨距的方案，坚持萍醴铁路改用 1.435 米的标准轨距。1903 年，萍醴铁路竣工，成为湖南省境内最早建成的一段铁路，之后萍醴铁路延长修筑到株洲，又接长沙。虽然，詹天佑在萍醴铁路工地工作仅一年多的时间，未等完工，就被袁世凯召回天津，继续修筑关内外铁路，但因詹天佑坚持改用标准轨距，使得萍醴铁路成为全国铁路线网的一部分。

1903 年，因父亲去世，詹天佑回乡奔丧，广东潮汕铁路公司的张煜南慕名聘请詹天佑为潮汕铁路的顾问。潮汕铁路是中国近代史上第一条商办铁路，当时潮州府城与汕头埠商业繁盛，有"百载商埠"之称，为了交通运输方便，英商怡和洋行、太古洋行，都提出要修建潮汕铁路，未获准，后来粤籍侨商张煜南提出用侨资兴建，获得清政府的批准。詹天佑应邀勘测了从潮州至汕头间的路线。勘测路线时，詹天佑除了考虑地形水陆关系外，还关注到沿线老百姓的情感和利益，尽可能避开百姓聚居区和坟墓集中的地方，认为沿韩江建路更佳。1904年，潮汕铁路开工，采用了日本工程师勘测的路线，詹天佑对此并无异议，但由于铁路公司内部关系复杂，詹天佑最终还是辞职北返。

1904年，在北返的途中，路经上海，被盛宣怀邀请，担任沪宁铁路工程顾问。因沪宁铁路地处英国的势力范围，因此需借英款，用英国工程师修筑。英国工程师恣意妄为，盲目抬高工程预算，经詹天佑踏勘、选测与估算后，最后将借款额减少了30多万英镑。

1907年，京张铁路修建过程中，詹天佑接邮传部命令，调查京汉铁路郑州黄河大桥的稳固性。黄河大桥由比利时承建，1905年建成，是半永久性桥梁，且施工质量差，大桥建成后71号桥墩就有倾斜，为了保护桥墩，不得不在桥墩周围抛石防护，抛石过多，河南地方官员又担心会损害黄河河堤。詹天佑经过多天的考察，认为此桥质量有问题，并编制了新的黄河大桥修建计划。詹天佑在日记中写道："此行的目的是调查此桥是否稳固，如有危险，即将此桥移至上游，在孟津过黄河。因此，还需要编制一份连接孟津桥的铁路预算。"但是由于比利时公司的反对，重修计划未能实现，郑州黄河大桥只得在使用中不断维修加固。

1908年6月，津浦铁路（从天津到南京浦口）酝酿动工建设，詹天佑任参议。津浦铁路从南北两端分头兴建，北段（天津至山东韩庄）由德国公司负责，其中济南城北泺口的黄河铁路桥是工程中最为困难的。在修建黄河铁路大桥时，山东地方官员出于黄河安全考虑，与德国公司在方案设计上持有异议，并另绘设计方案图两种。于是1909年，詹天佑被派往济南，审定津浦铁路黄河大桥的选址、工程设计、经费预算等。詹天佑到济南后，先往泺口视察，又会见山东巡抚，并与各官绅商榷，最后对三处选址图提出意见并决定按第三图修筑。关于此事，詹天佑著有《审定津浦铁路济南黄河大桥设计报告》。1912年，随着泺口黄河铁路桥的竣工，津浦铁路也全线通车。

1909年，詹天佑又赴河南重新勘测洛潼线。洛潼铁路从河南洛阳至陕西潼关，1907年得到清政府的允许，民间集商股自行修筑，1908年，詹天佑被聘为工程顾问、詹天佑曾经的下属徐文泂为领袖

津浦铁路泺口黄河铁桥

工程司。1909 年初，由于英国工程师勘测的路线工程量大、费用高，洛潼铁路公司为求节省，又请詹天佑重新勘测。詹天佑率同徐文泂经实地勘测，重新选定一条更为节省的线路。

1909 年，京张铁路通车后，向西继续修筑，即京绥铁路张绥段，由詹天佑继续担任总工程司。1907 年，在京张铁路修筑的过程中，库伦办事大臣请奏修筑张库铁路（张家口—库伦），但经决议，清政府决定修筑张绥铁路。1908 年，詹天佑就派俞人凤先行勘测张绥路线。之后，1909 年 10 月，詹天佑亲自勘测张家口至天镇的路线，又派陈西林另测一线，并反复斟酌。1910 年，詹天佑上奏："上年九月开办时，天佑周历查勘，该段初测之线……当饬副总工程师陈西林，率同各工程师逐细另改一线，以资比较……"①在修筑张绥铁路前期，詹天佑制定了一系列的管理办法，包括《京张铁路展修张绥工程办事章程》《京张路张绥路酌订升转工程司品格程度章程及在工学生递升办法》，为张绥铁路的顺利进行打下基础。1911 年初，詹天佑南下去粤汉铁路公司赴任，张绥铁路总工程司由邝景扬接任。之后，詹天佑仍不忘关注张绥铁路，还多次亲往了解工程进度。1915 年，张绥铁路经费短缺，路局向社会发行债券募集资金，詹天佑把大多积蓄都用来购买张绥铁路债券。1921 年张绥铁路通车，1922 年底铁路修到包头，京绥铁路全线告竣，即现在的京包线。

---

① 詹天佑科学技术发展基金会、《詹天佑历史文献汇编》编纂委员会：《詹天佑文集》，北京：中国铁道出版社有限公司，2021 年。

鞠躬尽瘁——汉粤川铁路

1904 年，四川总督锡良奏请获准成立川汉铁路公司，计划修筑铁路，从成都起，经四川境内的内江、重庆、万县、夔州、归州，湖北境内的宜昌、荆门、襄阳，到应山县与京汉铁路相接。

川汉铁路筹建之初，锡良就请求派詹天佑为川汉铁路总工程司，当时詹天佑正奋战在京张铁路现场，无法分身。1908 年，京张铁路关键工程完成，四川新任总督赵尔巽再次请求清廷派詹天佑为川汉铁路总工程司的奏折获准，因詹天佑无法分身，于是派颜德庆为川汉铁路副总工程司，先行前往。因此，时年 47 岁的詹天佑一方面忙于京张铁路的收尾工作，一方面通过书信指导川汉铁路的各项事宜。京张铁路建成通车后，詹天佑南下宜昌，于 1909 年 12 月主持了川汉铁路的开工典礼。接下来的两年，詹天佑一边主持川汉铁路宜万段的修建，一边还负责张绥铁路的筹备兴建，并于 1910 年开始担任广东商办粤路公司总经理，负责粤汉铁路的修建。

1898 年，清政府曾决定向美国借款修建从广州到武汉的粤汉铁路，后因美方违约，清政府赎回粤汉铁路路权，允许粤湘鄂三省各自商办分段修筑。1906 年，广东成立了商办粤路公司，盛情邀请詹天佑回粤主持工作。同样，詹天佑忙于京张铁路，不能分身，推荐了邝景扬担任总工程司，直到 1911 年，50 岁的詹天佑南下就任粤路公司总经理，同时兼任川汉铁路总工程司。

1911 年 5 月，清政府发布了全国商办铁路干线归国有的上谕，

川汉铁路宜万段开工典礼（左二为詹天佑）

要求川汉铁路、粤汉铁路收归国有，再加上川汉公司、粤汉公司内部的种种问题，川汉、粤汉两条铁路进展都不是很顺利。

1912 年，中华民国临时政府成立后，孙中山也非常重视铁路干线的修建，他视察了詹天佑所在的商办粤路公司及全国各地的多条铁路，特地去了京张铁路及张绥铁路，并成立了中国铁路总公司，准备修筑全国铁路干线。1912 年底，交通部将川汉、粤汉两条铁路收为国有，合并称为汉粤川铁路，向四国银行团借款，由 51 岁的詹天佑任汉粤川铁路会办，主持路工。

孙中山视察粤路公司（前排中间为孙中山，右一为詹天佑）

　　詹天佑对汉粤川铁路极为重视，为了工作方便，甚至将全家从广州搬至武汉。他组织了粤汉、川汉两路线的复勘定线，纠正了不合理的选线方案，使得新的线路路程缩短，减少了修筑费用。由于第一次世界大战爆发，使得工程款不能顺利到位，詹天佑提出了"就款计工"的方案，集中有限的财力，分段修筑，先修粤汉铁路"武昌—长沙"段、川汉铁路"汉口—皂市"段，其他工程暂停。1917年，中国对德宣战，"汉口—皂市"段也因德国贷款中断停工。

　　由于时局动荡、政治腐败，汉粤川铁路的修筑十分不畅，至1919年，建成武长路（武昌—长沙）一段、汉口至宜昌一段和一些其他的零散工程。从1908年詹天佑承接川汉铁路工程，1911年

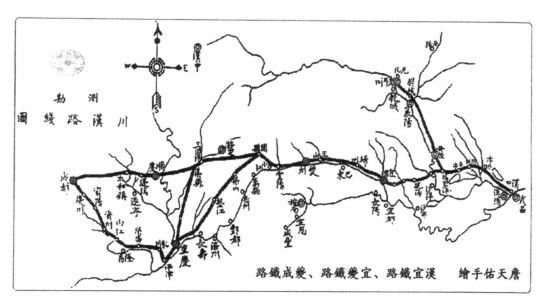

1915 年詹天佑手绘的《测勘川汉路线图》

又负责粤汉铁路，1912 年，两线路合并为汉粤川铁路，至 1919 年
11 年的时间里，詹天佑一直殚精竭虑，百般努力，但终有遗憾。
1919 年詹天佑弥留之际，口授《詹天佑遗呈大总统文》，还不忘汉
粤川铁路修筑之事：

> 汉粤川路事，往年曾有就款计工之条陈，盖来款既艰，
> 不得不先筹脚踏实地之策。所幸武昌长沙一路，业已通道
> 开车，得寸得尺，惟力是视第衡郴以上，限于款涸，猝难
> 企图。近者，银行团之英法美三国要求取消德人权利，允
> 再接济工需，正宜乘此机会，速定计划，以促进行。否则，
> 中道而止，坐视大利之抛荒，缩毂中枢，终成隔绝，商政
> 国计，均非所宜，尚祈加意垂注。

第三节
发展中国铁路事业

除了奔波于各条铁路建造工地以外，詹天佑还在中国铁路建设的规划、规范、宣传教育等方面积极努力，为中国铁路的健康、快速发展奠定了基础。

制定铁路修建标准

清朝末年，各帝国主义国家在中国抢夺筑路权，造成了中国各条铁路的建造与运营没有统一的标准，极大地影响了中国铁路事业的发展。詹天佑很早就注意到了这个问题，首先他在多条铁路的建设中都坚持采用标准轨距。1905年，商部因各省铁路渐次增多，命道员詹天佑起草《铁路通行程式》，以说帖的形式上呈，说明铁路标准不统一之弊，并给出铁路各项的大致标准，包括铁路等级、轨距、轨重、桥梁、路基、弯路、坡路、月台、机车、挂钩等。接着商部以此为基础，审定铁路车轨图式。1907年，清邮传部规定各铁路总理及铁路总办，一律转饬工程司遵照所颁车轨图式等办理。1911年，邮传部又在

《铁路通行程式》中建议使用的姜坭车钩

詹天佑的《铁路通行程式》的基础上，制定并颁布了中国第一部全国铁路工程标准——《中国铁路轨制章程》。

1906年，詹天佑在修建京张铁路时编制了《京张铁路工程标准图》，包括线路、桥涵、隧道、车站房屋、水塔、机务设备等49项工程标准设计，是我国第一部铁路工程标准图。这套图对工程建设的各个方面都做了细致的规定，具有很强的可操作性，既保证了京张铁路的工程进度和工程质量，又为修筑其他铁路提供了借鉴。之后，詹天佑还编著出版了《京张铁路工程纪略》。詹天佑认为"窃维工程学术之发达，必待名词之统一"，并且"从事工程之际，凡关于工学之名称，辄随时记录"，积累20多年，编成《新编华英工学字汇》《铁路名词表》。

创建中华工程师会

1912年，詹天佑在广州创立了广东中华工程师会。同年，川汉铁路副总工程司颜德庆在上海创办了上海工学会，洛潼铁路领袖工程司徐文泂创办了上海路工同人共济会。颜德庆和徐文泂都邀请詹

天佑担任两会名誉会长，于是詹天佑提议三会合并，"三会宗旨不谋而合，与其分道而驰，何妨合力以进"。当年夏季，詹天佑在上海与其他两会商议，决定合并，名为中华工程师会，1915 年改名为中华工程师学会。1913 年 8 月，在汉口举行的中华工程师会成立大会上，52 岁的詹天佑被选为会长，颜德庆和徐文泂任副会长。

中华工程师会与其他的普通团体不一样，是多学科性学术团体，包括土木、建筑、水利、机械等 12 个学科，其主旨是为了发扬学术，推动中国工程科技人才的学术研究与交流。学会成立之初规定宗旨为三大纲，即"一在规定营造制度，二在发展工程事业，三在力阐工程学术"；又规定办法五则，即"一为出版以输学术，二为集会以通情意，三为试验以资实际，四为调查以广见闻，五为藏书以备参考"。学会主要以出版会报和专业书籍来促进学术交流。

詹天佑倡导创办《中华工程师会会报》，每年出版一卷，每卷 12 期，主要发表各地工程科技人员的学术研究成果、工程论说与试验研究报告，以及国际国内最新科技动态、发明成果等，为国内各工程技术的学术研究成果、最近的科技动态等提供了交流平台，成为当时影响力最大的学术期刊之一。

詹天佑与中华工程师会会员合影

设立中国交通博物馆

"为使国人鉴于事实，并比较铁路未兴时之交通状态，而悟铁路之重要供全国人之观览，以增进铁路上之普通智识；供铁路学习界之实验，以增益其观摩；供铁路事业界之参观，以砥砺其熟练。"1913年，交通部召开全国交通技术工作会议，会议决定根据交通部官制第六条成立交通博物馆，"就铁路一门提前筹办"，由詹天佑主持筹备工作，华南圭任筹备处主任。1914年10月，交通博物馆铁路馆正式建成，馆址设在府右街南口的交通传习所内。根据交通博物馆章程，馆内陈列工务之物品、机务之物品、车务之物品、其他物品，包括我国自建的第一条铁路——唐胥铁路使用的第一台机车，桥工用气箱模型，京汉铁路新式信号模型，正太铁路窄轨机车，京汉铁路、津浦铁路黄河大桥模型，机车配件及图书资料，等等。

詹天佑认为"交通博物馆是青年工程师学习的良好场所"。交通博物馆开馆后，参观人数众多、络绎不绝，既向铁路专家提供了学术研究资料，也向市民普及了铁路知识与科学技术。

主持全国铁路法规建设

1912年，政府成立交通部取代了邮传部，设置了"路政、电政、邮政、航政四司，于官制通则外视察四人，技监两人，技正四人，

詹天佑任交通部技监留影

技士十人"①。1913 年 6 月，詹天佑被交通部任命为首任技监，主要职责是"承（交通)总长之命,掌技术事务"，是交通部中主管全国交通技术工作的长官。1916 年底，詹天佑主持了第一次全国交通会议，会议讨论了"关于规划发展全国交通工作、统一规章制度、培训业务人员、改进职工福利待遇等各种问题"②，促进了当时中国交通事业的健全与发展。

交通部成立后，一直致力于全国铁路统一管理工作，并认识到因铁路技术标准分歧而造成了铁路事业发展困难，因此，于 1917 年筹划设立铁路技术委员会，拟选集团内及各路局技术专家，聘任中外铁路专家，讨论规划统一之法，并派詹天佑任会长。1918 年 1 月，铁路技术委员会正式成立，其宗旨是"为统一及改良铁路有关技术各事务"，支持制定及审议全国铁路的修筑标准、法规。铁路技术委员会先后讨论制定了 13 种规

---

① 李金全：《民初交通部研究（1912—1916）》，硕士学位论文，陕西师范大学，2010 年。
② 经盛鸿、经姗姗：《詹天佑：从南海幼童到中国铁路之父》，广州：广东人民出版社，2018 年。

则规范，包括《国有铁路建筑标准及规则》《国有铁路钢轨及扣件规范书》等，并颁布施行。

除此之外，1917 年，詹天佑被聘为交通部新成立的审定铁路法规会的名誉会员，参与审议铁路建设的各项法规。同年，詹天佑还被派任交通研究会会员，调查研究战时交通设备及战后改进措施等问题。1918 年，詹天佑由交通部派任铁路运输会专任会员，讨论整顿各项运输规程。

由于詹天佑在中国铁路法规建设上的重要贡献，1916 年 12 月，香港大学特授予他法学博士学位。

詹天佑获博士学位后留影

维护中国铁路权益

1919 年初，詹天佑作为中国政府代表出任协约国"联合监管远东铁路委员会"下辖技术部委员，赴海参崴，与英、美、法、日等国的代表一起，主持对俄国远东铁路包括中国境内部分即中东铁路的监管技术工作。

远东铁路中国境内部分原是中俄合办，1917 年俄国二月革命后，当时的中国政府收回了中东铁路所有权，但是日本却又强行占领中东铁路，最后，英、美、法、日、意等国决定成立联合监管委员会，

詹天佑出席国际联合监管远东铁路会议留影

共同监管俄国的远东铁路及中国境内的中东铁路。迫于国际压力，当时北京政府也同意中东铁路由国际监管，并派詹天佑去参加会议，尽量争取中国权利。

詹天佑不顾身患腹疾，冒着严寒赶赴海参崴，查阅资料并实地考察，他在给次女詹蕙颜的信中写道："每日莅会驰驱道路中，朔风砭骨，坚冰在须，饱尝艰苦。夜则治文书，研究议案，兢兢然唯恐国家权利稍受一毫之损失。"① 詹天佑及中国代表刘镜人在会上据理力争，坚持中国铁路应该由中国人管理，不需要协约国委员会来监督，但日、美两国不予理睬。在詹天佑及刘镜人的努力下，监管委员会召开特别会议，会议同意由中国军队驻防中东铁路全线，并争取到中国铁路工程师可以被中东铁路聘任的权利。连续辛劳工作一个多月后，詹天佑病情加重，只得回汉口治疗，4月24日病逝，终年58岁，临终遗呈中仍不忘叮嘱中东铁路权益事宜。

---

① 詹同济、黄志扬、邓海成等：《詹天佑生平志——詹天佑与中国铁路及工程建设》，广州：广东人民出版社，1995年。

第四节
一起奋斗的同事们

　　清朝末期，由于西学东渐及洋务运动的兴起，清政府一方面选派幼童赴美留学学习工程技术，一方面也开办新式学堂，培养军事及工程技术人才。从 1872 年开始，清政府共派了 4 批幼童赴美留学，虽然清政府提前终止了幼童留学计划，但这些学生回国后还是在铁路、矿冶、海军、外交等领域展现了他们的才能，其中邝景扬、钟文耀、黄仲良、罗国瑞等都曾投身中国铁路的发展。当时中国众多的新式学堂中涉及铁路工程的包括天津武备学堂、山海关铁路学堂、北洋大学堂、上海南洋公学、唐山路矿学堂、四川铁道学堂、浙省铁路学堂、湖北铁路学堂、北京铁路管理传习所等。这些铁路学堂也为当时中国培养了不少的铁路工程技术人员，他们与詹天佑一起为京张铁路以及其他铁路的建设做出了巨大的贡献。

　　在修筑京张铁路时，由于京张铁路是中国自筹经费修建，不用外国工程师，因此詹天佑招募了大量的中国工程师，包括推荐他进入铁路行业的邝景扬，从津榆铁路开始就一直共事的陈西林，沪宁铁路的颜德庆，在山西大学堂任教习的苏以昭，天津开滦矿务局的胡兆蓉、周凤侣、张俊波，关内外铁路局丰台工程处的赵杰，关内外铁路山海关工程处的刘德源，在天津小站调理稻田的李鸿年，关内外铁路局汉沽大桥工程处的耿瑞芝，沪宁铁路的俞妙元、王桂心、张可铭，关内外铁路海河工程局的邵善闻，麦加利银行的马联升①，等等。除了邝景扬、颜德庆为留学生外，其他均为北洋武备学堂铁路工程班和山海关铁路学堂毕业的学员。

詹天佑深知各位同事在京张铁路修建中所受的艰险及艰苦，在1909年10月2日举行的京张铁路建成通车典礼上，詹天佑发表演说，将功劳归于上司和全部员工，他说："今幸全路告竣，倘非邮部宪加意筹画，督率提挈，同事各员于工程互相考镜，力求进步，曷克臻此。"另外，詹天佑在《京张铁路工程纪略》中也表达了对各同事的感谢："本路工程始终出力各员为：正工程司颜君德庆、陈君西林、俞君人凤、翟君兆麟，工程司柴君俊畴、张君鸿诰、苏君以昭、张君俊波等，余繁不及备载。"邮传部对京张路工出力人员上奏保荐给予奖升，除了上述工程司外，詹天佑还热诚荐举转运及翻译吴希曾，工程总文案徐荣书，车务总馆杨昌龄，总收支辛宝慈，提调兼购地张祖笏，机务段长邵孝芳，车务段长余序、陈炳仑，养路工程段长詹文彪，等等。

通过修筑京张铁路，中国稚嫩的铁路工程师们都得到了充分的锻炼，迅速成长起来，具备了独当一面的能力。还在京张铁路修筑

---

① 詹天佑科学技术发展基金会、《詹天佑历史文献汇编》编纂委员会：《詹天佑文集》，北京：中国铁道出版有限公司，2021年。

的过程中，由于时局需要，各省要求支援调给中国工程司，邝景扬、颜德庆、徐文泂被调往别地，主持铁路修建工作。京张铁路修筑完成后，大多工程师又继续参加了京绥铁路的建设，并担任重要的管理职务。随着中国铁路事业的发展，这支队伍又开枝散叶，参与到各条铁路建设中，成为中国铁路建设的中坚力量。

邝景扬

邝景扬（1862—1929），字孙谋，与詹天佑同为广东南海人，是第三批留美幼童之一，在美国先后入小学、中学学习，后考入麻省理工学院土木工程系。由于清政府终止了幼童留美计划，邝景扬入大学一年后被迫终止学业回国。回国后被派往唐山开平矿务局开平铁路公司工作。1888 年，邝景扬推荐詹天佑入中国铁路总公司。京

张铁路筹备时，詹天佑在日记中写道："当前，最重要的是调来工程司邝景扬、陈西林、沈琪和关内外铁路尽量多提供工程学员。"后邝景扬到任，任京张铁路副总工程司。修筑铁路过程中，詹天佑因事请假，就由邝景扬代他处理事务。

1906 年，广东省商办粤汉铁路拟请詹天佑主持修建，詹天佑因京张工程不能分身，于是推荐邝景扬代替其出任粤汉铁路总工程司。之后，詹天佑与邝景扬保持着密切的书信来往，交流工程事项，分享现状，詹天佑会将京张铁路修筑的现状分享给邝景扬，也会请邝景扬帮忙处理一些私

邝景扬像

事，可见二人关系之密切。1910 年，由于詹天佑任川汉铁路、粤汉铁路总工程司，无法分身，于是由邝景扬担任张绥铁路总工程司，将京张铁路延伸到绥远。

陈西林

陈西林（1867—1946），字荫东，山东省惠民县人，22 岁时考入天津武备学堂，是该学堂铁路工程班的第一批学生，26 岁毕业后进入中国铁路总公司任帮工程司，开始与詹天佑共事，负责津榆铁路古冶至滦县的展筑工程，此时詹天佑 30 岁。之后陈西林又与詹天佑一起负责津卢铁路、西陵铁路的勘测与修筑。

在修筑京张铁路时，陈西林担任帮工程司，初期负责京张铁路路线勘测。1905 年 12 月 12 日，京张铁路开工，詹天佑打入第一颗道钉，陈西林打入对面钢轨外侧道钉。陈西林一直随詹天佑战斗在京张铁路的工地上。京张铁路建成后，又继续修筑张绥铁路，陈西林任副总工程司，1916 年代替邝景扬担任京绥铁路总工程司[1]。

陈西林像

---

[1] 交通部交通史编纂委员会、铁道部交通史编纂委员会编纂：《近代交通史全编》，北京：国家图书馆出版社，2009 年。

颜德庆

颜德庆（1878—1942），字季余，1878 年出生于上海，由于其父亲颜永京早年在美国留学多年，所以颜德庆
和他的兄弟姐妹都被送往美国留学。颜
德庆在美国主修土木工程专业，1901
年毕业回国后任铁路工程司。詹天佑
知颜德庆有丰富的理论与实践经验，
因此主动邀请其来参与京张铁路的建
设。但当时颜德庆正在沪宁铁路任职，
沪宁铁路由盛宣怀督办的中国铁路总公司
管辖，由于袁世凯与盛宣怀之间的矛盾，调用
颜德庆的过程比较曲折。后经袁世凯协调，颜

颜德庆像

德庆被调入京张铁路，任帮工程司。颜德庆完成的八达岭隧道测量
工作，受到詹天佑的赞赏，"八达岭山洞在中线、水平及距离测量上
均准确无误，这是颜的一项良好成绩"[①]。1908 年，四川省商办川汉
铁路拟请詹天佑任总工程司，但由于京张工程无法前往，于是先派
颜德庆出任川汉铁路副总工程司，去宜昌进行筹备工作。其间，詹
天佑通过书信与颜德庆联络，熟知并指导川汉铁路的修筑工作。

---

① 詹同济编译：《詹天佑文选》，北京：北京燕山出版社，1993 年。

俞人凤

俞人凤（1872—?），天津北洋武备学堂铁路工程班首届毕业生，曾任关内外铁路工程司。1905 年调至京张铁路，在詹天佑领导下进行线路勘测、铁路施工等工作。1907 年 7 月底，连日大雨，北沙河桥墩被冲刷，他设法组织用片石填充解决难题。1908 年，张绥铁路筹划时，俞人凤奉邮传部命，带队勘测张绥铁路线路。1912 年俞人凤任京绥铁路车务总管，1914 年被调至津浦铁路任副局长[1]。

沈琪

沈琪（1871—1930），字慕韩、穆涵、谷涵，天津静海人，祖籍浙江湖州吴兴地区，北洋武备学堂首届幼童铁路班学生。1893 年，沈琪毕业，赴关内外铁路，驻扎在天津至山海关段。此时，詹天佑同驻此段工程，负责古冶至滦县段的修筑并解决了滦河大桥修建难题。1905 年，筹备修建京张铁路时，詹天佑招募大量

沈琪像

---

① 赵佳伟：《京绥铁路组织机构及人事演变研究（1905—1928）》，硕士学位论文，内蒙古师范大学，2018 年。

中国工程技术人员以修建中国自己的铁路，其中就有沈琪。但 1906 年，沈琪另有任务，离开了京张铁路工地。之后沈琪负责设计监造新的陆军部衙署建筑群，担任津浦铁路南段副总稽查及会办，也参与了汉粤川铁路的修筑工作[1]。1917 年，沈琪与詹天佑同为交通部技监。1918 年，詹天佑组织成立铁路技术委员会，詹天佑任会长，沈琪任副会长，詹天佑去世后，沈琪接任铁路技术委员会会长及中华工程师学会会长。

翟兆麟

翟兆麟（1870—？ ），字瑞符，天津北洋武备学堂铁路工程班首届毕业生。翟兆麟于 1907 年加入京张铁路工程。詹天佑写给邝景扬的信中提到："翟先生尚未来我路，我们是缺少工程司的。"由此推断，翟兆麟可能是邝景扬推荐给詹天佑的，之后信中又提到"翟先生已经参加我们的工作，他正在从事由岔道城到张家口的线路测量，他或许在本月中旬可以做完"。之后，翟兆麟也参与了京绥铁路的建设，修筑大同至丰镇段，勘测宣化支线，等等。1918 年任京绥铁路总工程司兼工务处长。

翟兆麟像

---

① 程力真：《北平交通大学创始人沈琪——中国近代卓越的铁路工程师和建筑师》，《建筑师》2020 年第 4 期。

柴俊畴

柴俊畴，天津北洋武备学堂铁路工程班首届毕业生，曾任关内外铁路工程司。1905 年调入京张铁路工程，1906 年随同陈西林带领学生勘测京门支线，并参与京门支线的修建。之后继续参与京绥铁路的修建并担任管理职务。

柴俊畴像

徐文泂和张鸿诰

徐文泂和张鸿诰均毕业于山海关铁路学堂，是最早随詹天佑进行京张铁路线路初测的两位工程技术人员。1905 年，詹天佑在调查报告中写道："光绪三十一年四月设局开办，以天佑为总工程司，旋即只带熟谙工程之学生徐、张二人，迭次详细勘测。"这里的徐、张二人，指的就是徐文泂和张鸿诰。之后徐文泂负责在丰台修建京张铁路材料厂，张鸿诰又随陈西林进行青龙桥新路线的勘测。后来徐文泂被调往商办江苏铁路任领袖工程司、商办河南洛潼铁路领袖工程司、汉粤川铁路汉宜段负责工程司。

袁世凯

在京张铁路的修筑过程中，还有一些在工程之外积极努力的人，包括京张铁路督办大臣袁世凯、会办大臣胡燏棻、总办陈昭常，关内外铁路局总办梁如浩、会办关冕均，邮传部尚书徐世昌等，尤以时任直隶总督、关内外铁路督办大臣袁世凯为代表，为京张铁路的顺利修建多方奔波。1905 年，袁世凯上奏《提拨关内外铁路余利修造京张铁路折》，提出"京张铁路关系紧要，亟宜即时开办"，开启了京张铁路修建的大幕。当时袁世凯正督办关内外铁路，但因日俄战争，关内外铁路全路停工，于是他奏请提取关内外铁路盈利的一部分来兴建京张铁路，不使用外资，亦不聘请外国工程师。

修筑铁路，最重要的是资金和人才。首先是资金筹措，袁世凯派梁如浩就关内外铁路盈利资金使用权与英国方面多次谈判，经过多次磋磨，中方终于获得了关内外铁路盈利的使用权。另外，袁世凯还将朝鲜归还的 60 万两白银，充做京张铁路的筑路费用，承诺等通车后陆续归还。因不用外国工程师，袁世凯调用大量关内外铁路的中国工程师以及全国各铁路公司的工程技术人员来京张铁路，在正式开工前，詹天佑说"在开工时，我已经有足够的工程师进行我们的工作"。

1906 年，粤督岑春煊筹办粤汉铁路。岑春煊以粤汉铁路接京汉铁路为中国第一干路，工程浩大、重要性极高为由，请旨派詹天佑前往，得到清廷的允许。袁世凯为了留住詹天佑，立即上奏《道员詹天佑请仍留京张路工片》，"查道员詹天佑，现充京张铁路总工程司兼会办局务，全路各事，皆该员一手经理。现该路甫经开办，工程浩繁，势难半途中止，必须先遴有接办之人，方可令该员赴粤"，先拖延时间，又说"兹据该总办等公同复称，京张路工正当紧要，中经八达岭等处，开山凿洞，工程尤为艰巨。所有全路一切布置，悉赖詹天佑精心缔造，一力经营。倘调赴粤中，则该路工程即须停办。且再四访求，并就各华员中切实考校，实无熟精路工堪以接办之员"。最后又陈述京张铁路的重要性，终于使得朝廷收回成命，使詹天佑继续留在京张铁路。1906 年 10 月，京张铁路第一段工程竣工后两个月，袁世凯辞去了各项兼差，将京张铁路的一切事务交予新成立的邮传部接管。虽然袁世凯离开了京张铁路，但袁世凯之前的一系列资金、人员方面的安排，已经为京张铁路的顺利竣工打下了坚实的基础。

京张铁路是晚清时期中国自主设计修建的第一条干线铁路，是中国铁路史上的一座里程碑。它是西方铁路技术移植中国的重要案例，在工程史上具有十分重要的意义。京张铁路 1905 年开始修建，1909 年竣工。建成后，又经过多次延展，直达包头，成为北京沟通中国西北的干线铁路。京张铁路及其延长线京绥铁路，建设时间跨越清代和民国两个时期，运营时间从清末延续至 21 世纪。京张铁路的百年历史，既承载了中国铁路变迁的历史，也是一部中华民族顽强不屈的奋斗史。回望百年之前的京张铁路，我们首先要了解京张铁路的建设过程。

第二章

京张铁路建设始末

第一节
近代铁路技术传入中国

现代意义上的火车和铁路是工业革命的重要成果，铁路以其价格低廉、高速等优点，迅速成为世界范围内的重要运输工具。近代以来，面对西方列强的坚船利炮，不少有识之士纷纷著书立说，介绍世界政治、经济、文化情况，以及先进的科学技术。在华传教士也纷纷创办杂志，撰写专著，介绍相关的知识和信息，与铁路相关的科学技术逐渐传入中国。

火车最早被称为火烟车或火轮车，学者们纷纷著书介绍铁路知识，指出英美等国由于使用了火车和铁路技术，既能节省人力物力，又能大大提升交通效率。19 世纪三四十年代，英国完成了工业革命，铁路建设开始起步。1825 年，由蒸汽机车和马匹同时牵引的火车试车成功，此后，由蒸汽机车牵引的火车横空出世，从此掀起了全球范围内建设铁路的热潮。林则徐主持编译的《四洲志》提及："（美国）其不通河道者，即用火烟车陆运货物，一点钟可行二三十里，其车

《海国图志》书影

路皆穿山凿岭，砌成坦途。"魏源《海国图志》记载："（弥利坚国）国中运河长三千五百里，疏浚二十年始竣。其不通河道者，即用火烟车陆运货物，一点钟可行二三十里。其车路皆穿凿山岭，砌成坦途，迄今尚未完竣。如值天寒河冻，亦用火烟车驶行冰面，虽不及舟楫，而究省人力。"[①] 徐继畲《瀛环志略》也写道："（美国）又造火轮车，以石铺路，熔铁汁灌之，以利火轮车之行，一日可三百余里。火轮船犹多，往来江海如梭织，因地产石炭故也。"还盛赞铁路运输"可谓精能之至矣"。在近代以来"开眼看世界"的风潮中，中国学者学习了更加丰富的铁路知识，并撰写了更加系统的论述文献，呼吁在中国大力发展铁路技术。1859 年，太平天国洪仁玕主持编写《资政新篇》，在这篇体现鲜明近代色彩的文献中，洪仁玕明确建言应在中国修筑铁路运输网络，在中国近代铁路发展史上有重要意义："兴车马之利，以利

---

① [清] 魏源撰，魏源全集编辑委员会编校：《海国图志·卷六十外大西洋弥利坚国总记中》，长沙：岳麓书社，2004 年 12 月第 1 版，第 1638 页。

便轻捷为妙。倘有能造如外邦火轮车，一日夜能行七八千里者，准其自专其利，限满准他人仿造。"

随着中国对世界了解的逐渐深入，不少学者出国留学或考察，对于世界发展形势有了更加清晰的认识。而对于铁道运输，也不仅仅将其单纯视为一种交通工具，而能够将其与工业革命的一系列发明创造联系起来，从国家战略的层面予以思考。而相关论述也不仅限于浅层次的介绍，而能够深入到西方铁路建造的历史、铁路技术发明与改进的情况、铁路运输如何有效开展等具体的方面。例如，作为较早提出建造铁路的学者之一马建忠于1879年在欧洲写作《铁道论》和《借债以开铁道说》两文，系统地讨论了与铁道相关的问题，他指出：先后五十年之间，凿山开道，梁江跨海，凡寰舆五大洲莫不有其铁轨轮辙焉。而军旅之征调，粮饷之转输，赈济之挽运，有无之懋迁，无不朝发夕至。宜乎铁道所通，无水旱盗贼之忧，无谷贱钱荒之弊。故各国未创铁道之先，其度支以万计者，而既造铁道之后，无不以亿计矣，其以亿计者无不以兆计矣。盖其飙驰电掣，任重致远，行万里若户庭。昔之邮传远者数十日，今则计时而待；昔之舟车行者阅数月，今则举足而至。宜昔之经营十数年而度支常不继，今则筹征不数月而帑藏时有余。所以立富强之基者，莫铁道若也。

在中国先进知识分子介绍铁路给国人之外，外国工程师、技术人员和传教士也在19世纪中叶将当时的铁路知识带入中国。洋务运动兴起之后，作为京师同文馆的教材，《格物入门》曾出现普及火车知识的内容。

晚清时期，洋务派已经意识到中国与西方先进科技之间的差距，随着世界科技的发展和清政府有限度的被迫开放，以火车为代表的新的交通工具被国人知晓。同时，人们传统的出行方式也开始逐渐改变。然而，这一时期，国人对待铁路的态度，仍处在极度保守阶段。铁路出行曾遭受清政府主政者的极端抵制，更不用说是中国人自主修建铁路。19 世纪下半叶，西方列强势力逐渐渗透到中国社会的各个角落，通过各种渠道谋求在中国大地上修建铁路、测绘路线，成为加速列强扩大势力范围、掠夺中国资源的重要途径。

第二节
中国近代铁路的发展情况

　　随着近代列强侵略的推进，帝国主义列强纷纷在中国修建铁路，以扩张其势力范围。1876 年，中国第一条铁路诞生，这就是英国商人擅自修筑的吴淞铁路。同年，《申报》记载了上海市民乘坐火车的场景，根据记载当时的百姓对火车运行持支持态度，这也代表了《申报》支持修建铁路的立场。但这条铁路仅运营了一年多，之后便被清政府赎回拆除。清政府对修建铁路的抵触情绪，成为阻碍晚清铁路发展的主要原因。1879 年，清政府允准开平矿务局出资修建一条自唐山至胥各庄的运煤铁路，全长 10 公里，于 1881 年建成。唐胥铁路是中国自建的第一条铁路，铁路的修建与洋务运动的深入直接相关，清朝主政者中的洋务派对修建铁路的态度开始转变。随着"师夷长技以制夷"的提出，铁路作为西方先进科技，成为建立现代工业所需的必要交通工具。以李鸿章为代表的主政者主动请求修建铁路。唐胥铁路的建成，是清政府洋务派努力争取的结果。但这条铁路由于线路短，且专用于煤炭运输，并未体现出铁路运输的优势。1885年，唐胥铁路逐渐扩展，从胥各庄向芦台庄附近的阎庄延展，次年完成，长约32.2公里，称唐芦铁路。1888年，铁路延至天津，增长80余公里，称津沽铁路。至此，唐山至天津的铁路全程通车，总长130多公里。唐胥铁路的扩展，使唐山煤矿与开平、津沽联系起来，清政府通过这条铁路调动军需物资，效率大幅提高。不少持观望和犹豫态度的官员，真正感受到铁路运输的便利，清政府的修路态度大幅转变。后来，延伸的唐胥铁路成为京奉铁路的组成部分，客运和货运的收益才逐渐显现出来，成为建设京张铁路重要的资金来源。从1876年中国首条铁路诞生，至1911年清朝灭亡，30多年间，西方列强与清政府一共修建铁路近1万公里。中法战争后，台湾独立设省，巡抚刘铭传是洋务派的代表，积极修建台湾铁路，共计100多公里。

在修建铁路的同时，洋务派还分批选派幼童留美学习先进科技。1872年，第一批留学幼童30人一行出发赴美，詹天佑位列其中。民国时期徐氏兄弟在《凌霄一士随笔》中将晚清掌故史料记录下来，其中就记载了幼童留学一事。徐氏兄弟回看历史，深感洋务派在中国近代化进程中发挥的积极作用，客观上促进了中国民族工业工程的发展。

　　　　国藩逝世之岁，其所奏派留美学生第一批三十人，由正副委员刑部主事陈兰彬、江苏候补同知容闳率领，于七月初八日首途，为我国以官费派遣学生出洋留学之始。此三十老留学生中，最知名者有詹天佑、梁敦彦，敦彦时年十五，天佑则十二龄也。京张铁路之建，天佑总司工事，为中国工程师自建铁路之始，外人咸叹服之，亦国藩之遗泽矣。此举国藩以丁日昌之提议而主张于前，李鸿章赞成于后，遂于同治十年七月初三日，国藩以南洋大臣，鸿章以北洋大臣，会衔入奏。其办法系派员设局，访选沿海各省聪颖幼童，每年以三十名为率，四年计一百二十名，分别搭船赴洋。在外国肄习十五年后，按年分起挨次回华。费用则通计首尾二十年，共需银一百二十万两，每年拨付六万两，由江海关于洋税项下按年指拨。管理及教授人员，则正副委员各一，每员月薪银四百五十两；翻译一员，月薪二百五十两；教习二员，每员月薪一百六十两。留学而自带教习者，"随时课以中国文义，俾识立身大节"也。至派遣留学之理由，原奏谓："西人学求实济，无论为士为工为兵，无不入塾读书，共明其理，习见其器，躬亲其事，各致其心思巧力，递相师授，期于月异而岁不同。中国欲取其长，一旦遽图尽购其器，不惟力有不逮，且此中奥窔，苟非遍览久习，则本原无由洞彻，而曲折无以自明。古人谓学齐语者，须引而置之庄岳之间。又曰百闻不如一见，比物此志也。况诚得其法，归而触类引申，视今日所孜孜以求者，不更扩充于无穷耶！"此所以折当时持反对论者。盖若辈以为西人所擅长者器耳，苟欲用其器，则彼制而我购之，岂不甚便，何取乎遣学生远适异国以学之。故国藩特加喻解焉。此在今日观之，已若平淡无奇，而六十年前，国藩固苦心孤诣犯大不韪而倡之者，多数士大夫以用夷变

夏相诟病,清议所加,诚有严于斧钺之概耳。四批留美学生,
于是年及癸酉(同治十二年)、甲戌(同治十三年)、乙亥(光
绪元年)相继放洋。唐绍仪在第三批中,时亦十二龄也。(各
生系在上海、宁波、福建、广东等处挑选,以广东人为最多。
詹天佑为安徽人,寄居广州。)此四批相继放洋后,戛然中
止。庚子以后,派往东西洋留学生乃渐盛,迄今号为学成
归来者,已非甚少,博士头衔之比比,尤足为国家之光矣。
然一言及器,则仍以购为第一义,国藩有知,或亦爽然自
失于地下耶!①

1881年,詹天佑学成毕业,但其他大部分人都没有完成学业。
除詹天佑学成归国之外,他的同乡邝景扬在第三批留美幼童之中,
并在学习铁路专业一年后回国。邝景扬回国后即进入开平矿务局开
办的唐山路矿学堂,成为中国自建铁路的后备人才。1878年,开平
矿务局成立,在筹备修建唐胥铁路的同时,还开设了开平武备学堂。
邝景扬等8人留美回国后进入这里学习,师从美国工程师学习采矿
和铁路工程技术。此外,晚清的很多新式学堂也陆续开设铁路工程
课程,如天津电报学堂、天津武备学堂、江南陆师学堂等,均由外
国工程师授课。这些学堂培养的铁路工程人才成为京张铁路建设的
中坚力量。1899年,专门的铁路学校——山海关铁路学堂成立。山
海关铁路学堂的很多学员都参与到京张铁路的建设中。

---

① 徐凌霄、徐一士著,徐泽昱编辑,刘悦斌、韩策校订:《凌霄一士随笔·二、
史料·壬申谈往·二》,北京:中华书局,2018年6月第1版,第446—447页。

甲午战争后，清政府认识到中国同列强之间的差距，也意识到铁路在强国建设中的作用。因此，甲午战争至清朝灭亡，是清政府兴办铁路的加速时期。随着八国联军侵华，本应由清政府掌握的铁路路权被列强瓜分。西方列强在其势力范围内，自行修建铁路，加速殖民统治。其中，有外国势力直接修建的铁路，包括俄国修建的中东铁路、德国修建的胶济铁路、法国修建的滇越铁路、日本修建的安沈铁路等。外国势力修建的铁路，从设计建设到运行经营，所有权利均属于筑路者，清政府无法从中获利。此外，各国筑路标准不统一，线路混乱和落后局面无法改变。为摆脱列强对筑路沿途的殖民控制，清政府试图自行修建铁路。无奈因国库空虚，无法达成，只能向各国列强贷款筑路。清政府贷款筑路的线路包括向英国贷款修建的北宁、京沪、沪杭甬、道清等铁路，向比利时贷款修建的平汉铁路，向法国借款修建的正太铁路。与外国势力修建的铁路一样，清政府借贷修建的铁路，在借贷之时，就签署了相关不平等协议。贷款诸国通过协议，掌握贷款筑路的设计修建，甚至购买建筑材料以及后续的经营权。因此，清政府仍无法获得这些新修铁路的路权。清政府铁路修建和经营权的丧失，激发国人爱国主义情绪，一时间，收回路权的运动和民间工商业者试图商办铁路的运动渐起。1903 年冬，清政府成立中国铁路总公司，颁发了《铁路简明章程》，向民间资本开放路权。此后，五省创设省铁路公司。然而这些运动规模有限，刚刚起步的民族工商业者无法开展大规模的筑路工程。由中国人自行设计修建运营的铁路，成为重树民族自尊心和自信心的大事。

第三节
京张铁路干线的修建

京张铁路是我国自主修建的第一条干线铁路，由铁路工程师詹天佑主持，于 1905 年开工，1909 年建成。张绥铁路由京张铁路展修而成，1923 年 1 月通车至包头。京张线沿途地势复杂，工程难度大，很多富有经验的外国工程师都望而却步，但它的建设却实现了"花钱少、质量好、完工快"的既定目标，是铁路建筑史上前所未有的一大壮举。京张铁路的建成掀起了我国自办铁路的热潮。自此之后，国人自办铁路的热情高涨，全国各地纷纷效仿。京张线的修建，资金乃国内自筹，设计、施工皆为华人，管理运营权归于国有，开我国自办铁路之先河。留美学习的经历和近代中国内忧外患的环境，激起了詹天佑为中国自建铁路的爱国热情。京张铁路沿线地形地势复杂，很难将西方现有铁路工程技术原样照搬。怎样利用西方筑路技术，并与中国实地情况相结合，实事求是，学以致用，是詹天佑必须解决的问题。京张铁路开创性的设计，成为铁路技术实现本土化的重要实践。

　　京张铁路建成之后，詹天佑将京张铁路建设的过程编写成书，并于1915年出版印行。1916年，《上海亚细亚日报》刊登了《京张铁路工程之成绩书》，介绍《京张铁路工程纪略》。"粤汉川铁路督办詹天佑，于前清承办京张铁路工程。唯该路跨居庸关长城，万山重叠，施工甚难。詹氏任之，经营不过四载，已竣工。而该路八达岭下山洞，长至三千五百余尺，其间艰难困苦，殊费规划。故詹氏于上年抵汉，综所经历尽分门别类，编成书二卷，名曰：《京张铁路工程纪略》，以志该路施工之难云。"[1]晚清时期，随着清政府路权的丧失，铁路自办的呼声高涨。《京张铁路工程纪略》以亲身经历者的角度，详细记录了京张铁路修建始末，其中包括资金筹备、人员安排、路线测量和道路施工情况。此外，此书还从技术层面解读了工程建设的难点及解决方法。《京张铁路工程纪略》另有《京张铁路工程纪略附图》，直观地展示了京张铁路工程的线路、轨道、车站、桥梁。

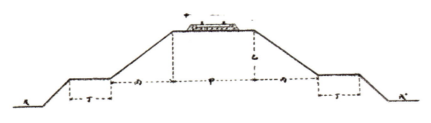

京张铁路工程纪略附图·轨道

---

　　① 《京张铁路工程之成绩书》，《上海亚细亚日报》1916年2月20日第6版。

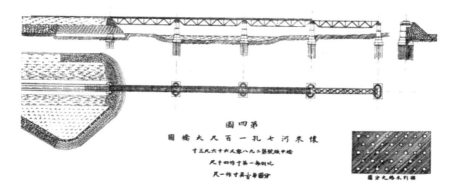

京张铁路工程纪略附图·怀来河七孔一百尺大桥图

　　张家口是明清时期守卫京师之右臂，也是京师通向西北方向的交通要道。明中期俺答封贡之后，张家口附近成为宣府镇开设蒙汉互市的重要场所。清朝初年，康熙皇帝为平定准噶尔部叛乱，从而打通张家口经过漠南直达漠北的草原大道。从此，张家口成为沟通京师与草原商贸的中转站。近代以来，以俄国为代表的西方列强蚕食传统商人利益，在张家口建立商铺，经营大宗皮毛贸易。为了不使作为京师右臂的铁路路权旁落，在英国与俄国的两相争执下，清政府决议自行修建由北京通向张家口的铁路干线。《京张铁路工程纪略》总纲中，简要说明筑路原委："张家口在居庸关外，当京师西北，为通蒙古孔道，昔时军事上称为北边之重镇，而商业上实为互市之巨埠，由蒙古所输入以及内地所输出每岁货物价额甚巨，罔不荟萃，于此，以相交易至前清光绪三十一年，始有建筑京张铁路之议。"英俄两国看到了北京至张家口之间修建铁路的巨大战略价值和经济利益，一再提出修建此段铁路。1902 年，时任直隶总督的袁世凯利用英俄两国之间的矛盾，达成中国自建中国北方铁路的权利。明确指出中国自建铁路完全不用外国资本，也不得作为外国抵押借据。1905 年，袁世凯上奏《提拨关内外铁路余利修造京张铁路折》。此次奏议说明北京至张家口的战略位置、修建铁路的必要性、工程技术人员选派、资金来源等情况。奏议中，京张铁路由中国自行筹建，工程设计建造用中国人，筑路资金用关内外铁路进款的原则，再次激发起清政府和国人的自尊心和自信心。这段激动人心的奏议，详细记载在《光绪朝东华录》里：

乙未。袁世凯等奏。自北京至张家口一路。为南北互市通衢。每年运输货物。如蒙古一带所产之皮毛驼绒。贩运出洋。与南省运销蒙古各处之茶叶纸张糖线煤油等杂货。均为大宗。计其价值。颇称巨数。第以运道艰阻。致商务未能畅旺。前议设京张铁路。辄因工巨款繁。未易兴办。臣等查京张一路。为北方商务攸关。经派候选道詹天佑前往查勘估修。并公同筹商。以关内外铁路进款。目前颇有盈余。拟就此项余款。酌量提拨。开办京张铁路。当饬关内外铁路局道员梁如浩等。与中英公司商办。该公司代理英人顾朴。以按照合同。各路进款。应存天津汇丰银行。作为借款之保。所有经理养路各费。开支余剩。备还借款本息。原约均已载明。须彼此商议妥善。方可提用。经梁如浩等酌拟办法。函致伦敦中英公司。由该路进款余利项下。除划存备付六个月借款本息外。其余应听该路任便提拨。作为开办京张路工之需。复由臣等函准英国使臣萨道义称。此事已准本国外部电称。中英公司现以铁路进款余利。中国铁路局可任便使用。该公司已函致伦敦公司。宜俟该函覆到等语。该局旋据顾朴

函称。接伦敦来电。应备存一年本息。续经梁如浩等驳令仍
照原议商办。现据顾朴函称。伦敦公司已允除将余款划存六
个月借款本息。余可动用。请照办等情。伏查京张一路。约
长三百七十余里。其第一车站。应设丰台。沿途地多平坦。
中有数十里山路崎岖。尚须开凿。综核全路工程。通盘约估。
如买地填道。购料设轨。凿山建桥。共约需银五百万两左右。
若从速动工。四年可成。拟即就关内外路进款余利项下。每
年酌提银一百万两。四年以内。可得银四百万两。又查庚子
年后。关内铁路因乱被毁。曾于进款项下垫拨修路之款。暨
收路后垫还各项账款。应在大赔款内拨还者。约有八十余万
两可提。统计约可敷京张全路工程之用。据关内外铁路局道
员梁如浩、陈昭常详请前来。臣等查京张铁路。关系紧要。
亟宜即时开办。正虑筹款维艰。现在关内外铁路余利既多。
且经商允中英公司。但须备付六个月借款本息。余可任便提
用。自应将此项余款分拨。修造京张铁路。以济要工。此路
即作为中国筹款自造之路。亦不用洋工程司经理。自与他国
不相干涉。仍饬将全路工程测勘完竣。绘具图说。另行核办。
下外务部知之。[①]

以袁世凯为首的北洋大臣奏请开办京张铁路后，获得清政府的
支持。1905 年 5 月，清政府设立京张铁路局，任命詹天佑为总工程司。

---

① [清]朱寿朋著，张静庐等点校：《光绪朝东华录·光绪三十一年乙巳·九
月》，北京：中华书局，1960 年 12 月第 1 版，第 5421 页。

随即，四月初五日，詹天佑带领徐文泂和张鸿诰二人开始踏勘调查，规划详细的铁路路线。铁路路线勘测实地考察两山之间的山川形势及沿线的经济情况，大致确定行程路线，然后确定施工路线并绘制地图。詹天佑的踏查从丰台柳村开始，这里是京张铁路的起点，也是京张铁路与京奉铁路的交会点。然后一路向北，经过西直门，沿关沟古道、怀来，直至张家口，全程勘测历时28天。经过考察关沟古道，以及绕行石景山等地的方案，詹天佑最终选取关沟一路作为铁路干线。根据此次考察的结果，初步测量路程约360里，分为三段施工，工期共计约4年。三段工程详细如下：

全路里程按驿站计四百二十里，以测量路程计三百六十里。此路中隔高山峻岭，石工最多，桥梁又有七千余尺。路险工艰，为他处所未有。每里约估银二万两。

第一段由丰台修至南口，长一百零四里。从速动工，约年余方可竣工。随即行车卖票，冀得少获余利，且于转运材料亦较为直捷。

第二段由南口修至岔道城，长三十三里。拟俟第一段开工后，即派精细工程司分驻关沟地方，详细勘测，两相比较，视何路为最宜。即由何山开凿，赶紧动工。

第三段由岔道城，经怀来、宣化，达张家口，长二百二十三里。关沟山峒一时难以竣工，所有该段材料只可先用骡车，由大道转运，陆续兴工。一俟山峒凿通，而第三段工程亦将告成。若两段同时并举，期以三年余，约可全路通行。惟铺垫碎石，以及零碎工程，尚须一年之久，方可一律完善,约计四年余。若款项应手,则全路可以告成。①

初步勘测后,工程局开始计算工程经费。经费预算极为精确,开计清单分列测量经费、地亩土方石工开山凿洞、桥梁水沟、轨道并各站岔道、房厂、电线、转运材料、车辆、总局员司薪公杂费共 9 项,共计估银 7291860 两。直隶总督袁世凯等人向清政府主政者汇报此处勘察情况:"筹设京张铁路,工巨款繁。酌议提拨关内外铁路余利,每年提银一百万两,从速动工,四年可成。此路即作为中国筹款自造之路,不用洋工程司经理。俟将全路工程测勘完竣,绘具图说,另行核办。"② 勘测结果得到批复之后,1905 年 10 月 2 日,京张铁路正式开工。《京张铁路工程纪略》详细记载了开工至完工的工程情况。

　　光绪三十一年九月初四, 第一段丰台至南口段开工。在西便门外, 京张铁路横跨京汉铁路, 需架设飞桥一座。这座飞桥于光绪三十一年十二月初七完工。飞桥是这段工程的难点, 除飞桥之外, 柳村至南口段工程于光绪三十二年八月十三日, 全部竣工。第二段南口至岔道城, 需在山体上开凿 4 个山洞, 以便铁轨穿行。詹天佑采取竖井与人工相结合的方法, 完成将近 2000 米的山洞穿凿工程。光绪三十四年九月, 八达岭隧道贯通。第三段岔道城至张家口,

---

　　① 中华工程师学会编:《京张铁路工程纪略》,中华工程师学会,1915 年,第 4 页。
　　② 高鸿宾点校辑纂:《清实录察哈尔卷:附宣化府口北三厅·清德宗景皇帝(光绪)实录察哈尔卷(附宣化府·口北三厅)之十一》,天津:天津古籍出版社,2017 年 7 月第 1 版,第 1116 页。

京张铁路通车图①

需架设怀来铁桥、挖山垫河，宣统元年八月十一日，第三段铁路全线贯通。京张铁路干线贯通后，邮传部乘火车至张家口验收工程，逐段勘察路基、桥梁、山洞、弯径、坡度、机厂、材料、车辆各项。全线验收完成后，京张铁路举行了盛大的告成通车仪式。八月十九日，又在南口举行开车礼。邮传部及北洋大臣，中外嘉宾参加，邮传部和相关代表还发表了演讲。曾在清政府任职的汪荣宝，在日记中记载了自己参加南口开车礼时的场景，"八月十九日乙未（10月2日星期六）早起。本日京张铁路举行开车式，邮部堂官柬邀各部院官前往南口参观。余于七时半往闰生家，邀同行，闰生不欲往，谈片刻，余乘马出西直门，以九时三十分车往南口，十时四十余分到。邮部于此设庐棚，备饮食，余与仲和、润田诸君立食毕，在场内觅熟人谈话一时许。闻

---

① 宗绪盛：《老地图中的京汉铁路与南口车站》，《北京观察》2014年第6期。

肃邸已先至，在近旁旅馆内小憩，与仲和同往访，得诸'南口铁路饭店'内，赉臣、伯刚、问槎诸君咸在。少顷，喀喇沁王及润田等亦至，留憩二时许。闻有赴居庸关车，邸有兴往游，余等随行，抵青龙桥停车半时许，仰望长城，令工人取得城砖数块及碎石有草纹者数枚，携载以归。七时许抵西直门，与润田同到丰盛胡同。天微雨，遣仆骑马先归。晚饭后，借胡伯平车而回 ①"。

工程完工后，曾重新核算实际花费工款，实际支出行化银六百九十三万五千零八十六两二钱零五厘六毫。

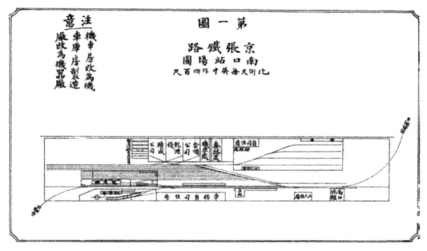

京张铁路工程纪略附图·京张铁路南口站场图

---

① 汪荣宝著，韩策、崔学森整理，王晓秋审订：《汪荣宝日记·宣统元年己酉（1909—1910）·八月十九日乙未（10月2日星期六）》，北京：中华书局，2013年8月第1版，第63—64页。

第四节
京张铁路相关支线的修建

京门支路

京张铁路干线修建的同时，1906 年，门头沟商民请建京门支路。商部提交奏议。京门支线就是北京至门头沟的铁路支线，全长 53 里，为运煤而建。由西直门经西黄村、石景山、三家店三站到达终点门头沟站。1901 年，清政府曾筹议使用意大利借款修筑京西矿务局及运煤专线铁路，未能达成。1904 年，北京煤商再次请修门头沟铁路，借用外资。商部再次驳回。1905 年，随着京张铁路干线筹议，商部与关内外铁路大臣商议修建京门支线，仍为自行筑路。1906 年 6 月，商部将筹议奏请清政府。《光绪朝东华录》记载了京门支线的筹议过程。

　　　　查铁路之设。必使枝干相维。而后商货运输可期增盛。
京城之西山。产煤素富。从前周口店、石梯、门头沟三处。

煤厂林立。专运西山南北所产灰煤。该处商民大都恃此以为生计。近年以来。迭据门头沟商人先后禀称。自周口店接修京汉枝路。通至琉璃河。于是山南之煤。南达保定、正定。北达京城、天津。运路因以日广。而门头沟向运山北之煤。以枝路未修。但恃驼运。脚价既昂。销路又滞。厂商相继失业。良善不免流离。莠民或从而滋事。惟有由商人等招集股本。接修门头沟枝路。并设立运煤公司。专运山北灰煤。俾苏民困各等情。臣等伏查门头沟一带。接修枝路。以兴煤业。自是应行筹办之举。惟畿疆要地。若任该商人等集股自办。万一股款略涉含混。利害相权。转滋流弊。是以该商人等所禀。历经臣部批示。此项枝路。由国家筹款接修。以昭慎重等因在案。上年四月间。关内外铁路大臣袁世凯等会奏。以关内外铁路所入余利。修造京张铁路。当蒙仰邀俞允。行知钦遵到部。臣等以京张铁路系用华款华工程师兴筑。不假外人之手。若将门头沟枝路。归并京张路工一气兴修。最为妥善。经与该管铁路大臣等往返商酌。并派员勘估。计延长四十余里。需款约四十余万两。为数尚不过巨。而京西一隅。商民藉可谋生。地方即臻安谧。洵系一举两得之计。该管铁路大臣意见亦均相同。应请旨饬下关内外铁路大臣袁世凯等。转饬京张路工各员酌筹修展。仍将勘估开办各事宜。随时咨报臣部备核。以重要工。得旨。如所议行。①

①　[清]朱寿朋著，张静庐等点校：《光绪朝东华录·光绪三十二年丙午·六月》，北京：中华书局，1960年12月第1版，第5550页。

1906 年 7 月 24 日，清政府批复京门支线筑路计划，合并归属京张铁路工程，并拨付工程款银 40 余万两。九月，詹天佑和关冕钧等工程人员测勘京门支线长 47 里，连同岔道约 56 里，并预估需要银 631000 余两。资金缺口由关内外铁路局余利拨付。1907 年 3 月，京门支线开工，沿途共架设铁桥 12 座、木桥 1 座、涵洞 38 个。其中，永定河大桥是全线的难点，全部工程于 1908 年 4 月 30 日完成通车。

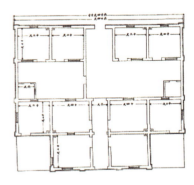

鸡鸣山支路

鸡鸣山矿井距离京张铁路下花园车站约 6 里，但矿井高于车站。鸡鸣山矿井是京张铁路重要的煤炭运输矿井，修建鸡鸣山煤矿支线就是为了煤炭外运。在京张铁路动工以前，鸡鸣山一带已有人开采煤矿。詹

京张铁路工程纪略附图·京门支路三家店车站

天佑在勘测京张铁路时，得知鸡鸣山产煤，想将鸡鸣山煤炭作为火车动力燃料储备。京张铁路建成同时，鸡鸣山煤矿支线也随之完工。建成的鸡鸣山支线，连接下花园车站与鸡鸣山煤矿，全长约 3 公里。矿井海拔比下花园车站高出百余米，对于铁路来说坡度过陡，全段有曲线 10 处、桥沟 10 处。支线分为两段：一段为准轨线路，长 2.225 公里，接近矿井的一段坡度最大，改为双线窄轨铁路，长 0.792 公里。鸡鸣山支路建成后，煤炭产量剧增，但煤炭质量一般，不能作为火车燃料。20 世纪 30 年代，鸡鸣山煤矿因煤炭质量原因停产，鸡鸣山支路于 1935 年拆除。

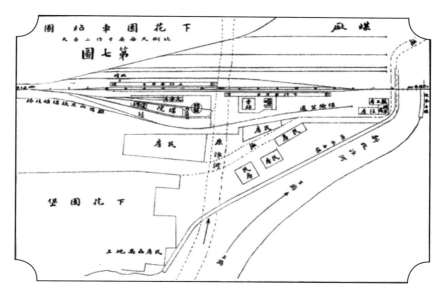

京张铁路工程纪略附图·下花园车站图

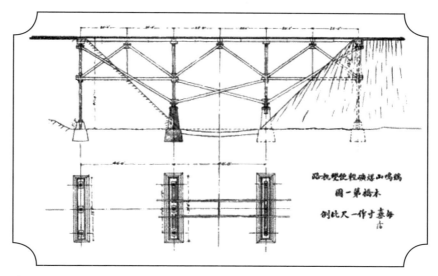

京张铁路工程纪略附图·鸡鸣山煤矿木桥图

第五节
京张铁路的延展——张绥铁路的修建

　　1909 年，京张铁路建成通车后，张绥铁路随即开工。张绥铁路工程是京张铁路的延展工程。张家口地处长城沿线，是蒙古高原与华北平原的交界。从张家口向北，是明清时期著名的张库草原大道；张家口向西，途经大同可达绥远，这里是隋唐时期就已开辟的御道。京张铁路修建的同时，以张家口为起点的展修铁路计划业已提上日程。

　　近代以来，随着沙俄势力在外蒙古地区的渗透，蒙古地区的落后贫困和殖民化加速了清政府的北方边疆危机。改善蒙古地区的经济状况，以近代工业化成果拉动经济增长，是蒙古王公特别期望的。如果能沿张库大道修建一条现代铁路，沟通北京与库伦，将对蒙古地区的发展带来极大帮助。1907 年，库伦办事大臣延祉奏请朝廷修建张家口至恰克图的铁路，以加强蒙古地区与京师的联系。《光绪朝东华录》也记载了清政府廷议修建张库铁路一事。

诚勋奏。奴才恭读迭次上谕。劝办各项实业。谕令中外臣工实心提倡。以开风气而挽利源。又准理藩部先后来咨。调查蒙地工商各业。行令设法开办。具见朝廷锐意图强振兴实业之意。察哈尔虽系边瘠。难与腹地争衡。而口内外不乏殷商贸易。迁乌库一带者。徒以开化较迟。往往坐失利益。奴才每于接见绅商时。即与宣布朝廷恩意。多方开导。并力任提倡保护之责。闻风兴起。渐有其人。兹据保升直隶州知州赵宗诏、同知衔区茂洪、补用知县高克、候选通判杨桂清等联名禀称。窃以交通地方。实为莫大利益。而交通之术。惟藉舟车。自铁路风行以来。车之为用尤广。目下京张铁路一二年内可望告成。而张库路长工巨。筹款兴筑。约须俟之十年以后。此十年中。似须设法交通。为边地稍浚利益。宗诏等议得简便之法。为交通之计。拟于口外蒙古地方创行汽车。[①]

然而张库大道沿途人口稀少，城镇寥寥，且沿途里程长达 2450 里，所需施工工程量巨大，预计修建周期大约 10 年。这样的成本投入和后期运营收入都是清政府无法实现的，于是张库铁路的修建计划被长期搁置。京张铁路建成前后，修建通往蒙古地区的铁路提议仍在讨论之中。时任钦差大臣、总督东三省事务的锡良曾奏议兴办

---

① [清] 朱寿朋著，张静庐等点校：《光绪朝东华录·光绪三十三年丁未·十二月》，北京：中华书局，1960 年 12 月第 1 版，第 5825 页。

矿产实业，并修建通往蒙旗铁路："筹设公司以兴实业。内外诸盟，土产之丰，矿质之富，久为外人所垂涎。况值此财政困难之时，若不开辟利源，何以维持新政？必须创办实业，兴起工商，或由国家先行借拨，或招集股款，相度各盟适宜之处，设立实业公司，以次推广垦牧等业，仿照各国之卓著成效者办理。其各种矿产，则聘请各省之矿学专家勘定，择尤开采。复以各旗所产之皮毛角骨作工业上之资料，一律督饬改良，制造各货。实业发达，输出之额自能畅旺，交换银货即源源不绝；其蒙民之富有者，即可令其随时存入公司储蓄，以取利息。今京张铁路已成，归新又议兴筑，交通利便，百货自易转输。如有余利可资挹注，亦可在蒙旗繁盛处所，修筑枝路。十年以后，内外各蒙必能成一绝大互市之场。既能自辟利源，即可抵御外货，筹蒙万全之策莫先于此矣。"[1] 由此可知，宣统年间，改善蒙古地区的交通状况是稳固蒙古、抵御列强殖民侵略的重要途径。然而，因国力原因，这条奏议仍未能实现。

　　绥远是内蒙古地区重要的城市，与张库大道相比，张家口到绥远里程较短，且途经山西，沿途城镇、人口和物产更为丰富，商路繁盛。展修京张铁路至绥远，可根据国家财力情况，之后铁路可一路西展，通向西北地区，也可北展，直通蒙古地区腹地及俄国边境。1908 年11 月邮传部尚书陈璧奏请修建张绥线，清政府准奏，于是京张铁路的工程人员在京张铁路建成后，开始张绥铁路展线的修建工程。张绥铁路展线工程获准前后，反对之声不绝。宣统帝师李殿林曾力排

---

　　① [清] 锡良著，中国科学院历史研究所第三所主编：《锡良遗稿奏稿·卷七 东三省总督任内折片·970·代奏宾图郡王条陈蒙旗兴革事宜折》，北京：中华书局，1959 年 4 月第 1 版，第 1054 页。

众议,促进展线获准。"在职三年,深时京张铁路初成,但货物运量少,廷议停止向西修建,殿林力排众议,主张续修西展。"① 张家口到绥远的铁路修建获准之后,下一步工作就是勘定铁路路线。张家口到绥远大致有北、中、南三条路线可供选择。其中,取道大同,再折而北行的线路,是隋唐时期隋炀帝巡幸的御路,也是唐太宗北征高丽走过的既定路线。这里从大同(云中)至京师(幽燕)的大道,在辽金时期是沟通两地兵力、粮草的官道,也是百姓出行、商业贸易的通道,沿途驿站系统十分发达。经过综合考量,张绥铁路选址取道大同。这条路线地势较为平缓,工程难度低。且大同煤炭资源尤其丰富,晋煤外运对于发展现代工业至关重要,也可以保证铁路运营的动力需求。建成的京绥铁路通过大同,还可以和贯穿山西省中部的南北干线铁路同蒲铁路相接。京绥铁路取道大同,使大同成为长城沿线重要的铁路交通枢纽,直至现在,这条铁路仍发挥巨大作用。

1909 年 8 月,邮传部奉旨依议由京张铁路局总办詹天佑、会办关冕钧汇报测线情形。邮传部尚书徐世昌对张绥铁路的选线做了详细解释:

> 兹据该工程司禀称:由张家口起抵归化城,计分四线。取道八岔沟,出新平口经宁远为北线;取道大同,出杀虎口经和林格尔厅为南线;取道大同,北折边墙出德胜口、达丰镇,接北线之西段,为现拟之线;再由归化城至

---

① 李玉明、王雅安主编,梁斌龙分册主编:《三晋石刻大全大同市大同县卷·上编 现存石刻·中华民国·李殿林墓志铭》,太原:三晋出版社,2014 年 9 月第 1 版,第 127 页。

河口即托克托城为支线。惟是八岔沟负山临渊，轨道依山而行，山上松浮，取以筑基，不甚适用。新平口沟渠交错，桥工较多。而鹅岭坝高至两千八百余尺，脑包山且比之尤峻，均须开凿山洞，过此山道，山洞遁高。惟丰镇地尚平坦，即由北而南，自归化城东至和林格尔，上少沙多，车马视如畏途，一有大风，路轨虑为沙没。南抵朔平，类皆叠嶂层峦，循至大同，山坡沟渠又复不少。惟张家口顺南线东段抵大同，北折边墙，出德胜口，达丰镇，接北线西段，至于归化，展修河口。如是变更，一则不失大同运煤之利，而南北粮食皆可兼运，修养之费可有把握；二则同蒲将来可以接轨；三则聚乐山较脑包山、红塘水沟较八岔沟、折儿岭较鹅岭坝难易迥殊，若不图宁远之捷，取道桃林，则石匣沟亦可绕越。[1]

1911 年 7 月 17 日，陕甘总督长庚上书清廷，奏请将张绥铁路延伸到包头镇，以便将来向甘肃、新疆延伸，《邮传部度支部会奏折》称："山西包头镇滨临黄河，水陆缩毂，东通归化城，西通新疆古城，西南通甘肃宁夏等处，向来行旅皆由包头以赴归化。预使甘肃上产各物畅销他省，必须有轻快之火车铁路与河埠相接，始能利商运而广招来。"[2]邮传部奉旨议奏获准，但因辛亥革命爆发，工程搁置。

---

① 关赓麟：《交通史路政篇：第九册》，铁道交通部交通史编纂委员会，1931 年，第 1743—1745 页。

② 关赓麟：《交通史路政篇：第九册》，铁道交通部交通史编纂委员会，1931 年，第 1559—1560 页。

　　张绥铁路是在京张铁路的基础上展筑的，因为工程设计和施工人员拥有京张铁路的建设经验，资金来源和人员技术支持仍全部由清政府自办。清朝灭亡时，展修铁路修至山西阳高，工程款项停拨，工程暂停。1912 年，张绥铁路总办积极推进张绥铁路的进展，筑路工程继续进行。1914 年修至大同时，交通部款项停止发放，资金再度告急。1914 年 3 月，大同至丰镇段开工，因工程款缺口巨大，采用短期借款和募集的方式，保证工程进行。张绥铁路于 1909 年开始建设，由京张铁路管理局全权负责。之后，工程技术人员变动多次。詹天佑接任粤汉铁路总工程司离职，该路总工程司由邝景扬担任，陈西林为副总工程司。1919 年，陈西林担任总工程司。

　　京张铁路延展工程，经过 10 多年的建设，1923 年最终修至包头。从晚清到民国，京绥铁路在政治、军事、经济上都发挥了相当重要的作用。无论是战乱动荡、水旱灾害，还是经费紧缺，筑路计划虽短暂中断，却一直坚持修筑。京绥铁路地跨冀察晋绥，起点丰台连接平汉、北宁两路，以此东达关外、南达郑汉，并由此两路转陇海、津浦等路通向各地，终点包头为西北水陆要埠，借黄河船筏可达宁夏、兰州，所以本路对沿线乃至中国诸多方面都有着重要的影响。通车后，京绥铁路与黄河航道相连接，此后，西宁的羊毛，宁夏的药材，临河、五原的粮食等土特产，可由皮筏运至包头经铁路运输，或转销内地或转天津出口，京绥铁路对西北经济发展起了重要作用。同时，关外的煤炭、矿石、牲畜、毛皮和粮食等源源运入关内；而关内的棉布、砖茶、煤油、纸张等工业产品也远销于西北各省区，商旅莫不称便。此外，京绥铁路的开通还加强了通商口岸与内地市场的联系，促进了华北对外贸易的发展，还带动了铁路沿线城镇发展，促进了沿线城镇的近代化和城市化。张绥铁路直接催生了集宁，壮大了包头，也改变了呼和浩特的城市格局。京张铁路与京奉铁路、京汉铁路、津浦铁路及一些支线，构成了我国北方的铁路网。铁路网促进了北京与外地的联系和交流，加强了北京作为政治和文化中心对全国的辐射力。张绥铁路是京张铁路的延展，延伸了京张铁路的功能，更加深入地触及我国西北边疆，对促进西北地区的经济发展和巩固边疆都有着不可替代的作用。

第三章

照片中的京张铁路——《京张路工撮影》

　　1905 年 10 月至 1909 年 9 月，4 年的时间，第一条完全由中国人自行设计建造的京张铁路胜利完工通车。铁路始自丰台，经西直门、清河、沙河、南口，穿越居庸关、八达岭，过怀来、鸡鸣驿，经宣化，到达张家口，全长 201 公里。1909 年 9 月 19 日，邮传部派员自南口搭车至张家口验收京张铁路工程，并于 10 月 2 日在南口站举行通车庆典。清政府拨出官银，制作了纪念影集——《京张路工撮影》，送给重要官员及相关工程技术人员。

第一节
《京张路工摄影》的制作者

　　1909 年，京张铁路通车在即，广东香山人谭锦棠受邀全程跟拍京张铁路工程验收。谭锦棠曾在上海耀华照相馆担任学徒，1908 年在上海创办了同生照相馆，擅长"铁路厂房摄影、精巧放大"①，在拍摄"沪宁铁路及苏杭铁路竣工"后，京张铁路的拍摄任务无疑是其树立品牌形象的好机会。谭锦棠背上设备，跟随詹天佑等人深入施工现场，翻山越岭，走完了 200 公里长路，为后人留下了一帧帧宝贵的影像。照片洗印出来后，詹天佑颁给谭锦棠"精工速肖"奖牌，同生照相馆也因此扬名，"同生 K.T.Thompson"成为清末至民国年间照片上常见的 LOGO。1910 年，同生照相馆在北京廊房头条开设了分店，上海同生照相馆由谭锦棠的胞弟谭存照经营。1915 年，谭

---

　　① 仝冰雪：《中国照相馆史》（1859—1956），北京：中国摄影出版社，2016 年。

锦棠去世，北京同生照相馆的业务由其子谭林标接管，次年，就在北京中央公园（现中山公园）再开分店。同生照相馆的业务蒸蒸日上，陆续又在北京王府井及天津等地开设了同生美术照相部。1953年，同生照相馆结束经营，其全部影像资料赠予新华图片社。

第二节
不同版本的《京张路工摄影》及其收藏者

1910 年 2 月 24 日詹天佑发布的启事"筹公款将所建筑房厂 桥 道 涵沟 洞山 各工次第 择要出照片 每片分别晒印 全部半部各若干张 均汇集成卷 题其名曰 京张路工摄影……按原开单所定执事应得全部 照片两卷"[1]，可知《京张路工摄影》有"全部"和"半部"之分，分 送不同级别人员。我们暂称两册装"全部"为"全本"，单册装"半 部"为"简本"，就目前各处所藏可见，全本中收入照片数略有差别， 简本则均为 56 张。

《京张路工摄影》整体采用西式的装帧方式，却又配合中 文竖排从右至左的阅读习惯，按横向右开本装订。单本尺寸约 25cm×33cm×6cm，以红色丝绒包封，全皮装订（full binding），封 面正中嵌有 15cm×5cm 铜铸竖排题签，全本两册分别为《京张路工

---

[1] 仝冰雪:《中国照相馆史》(1859—1956)，北京: 中国摄影出版社，2016 年。

撮影·上卷》《京张路工撮影·下卷》,简本单册为《京张路工撮影》。全本环衬为大理石纹纸,表面打蜡抛光,右上角贴有 1.5cm×3cm 的红底黑字小签,印有"上海公兴印字馆制造　开在虹口西武昌路",中部贴有 5cm×5.5cm 大小的粉底黑字签,印有"同生照相号　本号精究放大时款照像馆在上海虹口北四川路门牌第二千零五十二号";简本环衬为枣红色花纹纸,无打蜡抛光。内页为白色卡纸,每页贴裱 20.5cm×26.5cm 照片一幅,多数照片右下角纵向印有题名。

《京张路工撮影》作为京张铁路通车纪念品,应是按需冲印制作并颁赠,经百余年流转,现知国内收藏情况为:国家图书馆藏 183 张全本、54 张简本(2 张照片位空缺),故宫博物院藏 168 张全本,国家博物馆藏 56 张简本,首都图书馆藏 56 张简本,北京市档案馆藏 178 张全本,詹天佑纪念馆藏 183 张全本,上海图书馆藏 183 张全本,广州詹天佑故居藏 183 张全本,台湾历史博物馆藏 183 张全本。

这些藏本中,詹天佑纪念馆藏 183 张全本,为詹氏后人捐赠。据说该馆另有一套,为北京铁路分局档案室转交,版本不详[①]。北京市档案馆藏本上有京奉铁路局局长周长龄的英文签名。周长龄是与詹天佑同期出国的留学生,当时负责《京张路工撮影》的印务。台湾藏本为詹天佑送给他美国挚友威利·诺索布的赠本,他初到美国留学时寄宿在诺索布夫妇家,归国后也一直保持书信往来。1910 年 3 月 14 日,詹天佑给威利寄去《京张路工撮影》,并附信"内有各种富有兴味的工程建筑。这是中国工程司修筑的第一条铁路。其总工

---

① 邵新春:《档案的功绩　永恒的回忆——北京市档案馆馆藏珍品档案〈京张路工撮影〉》,《北京档案》2005 年第 1 期。

程司就是你的朋友"①。20 世纪 70 年代，我国铁路工程专家、教育家凌鸿勋得知此影集在威利的女儿华纳夫人（Helen N.Warner）手中，积极联系请求赠予，后通过研究留美中国幼童的旅美华人学者高宗鲁将影集带回台湾，捐赠给台湾历史博物馆。

《京张路工摄影》收藏中有两部最为特殊：

一是故宫博物院藏本，是为进呈皇家收藏特制，两册均配有如意云纹黄绫锦盒，上贴黄绫签，分别写有"京张铁路形胜图上函""京张铁路形胜图下函"。盒子款式并未采用常见的四合套、六合套，而是上翻盖及前侧平开的形式，以铜旋钮锁扣，两侧配有铜环拎手。相册封面以如意云纹黄绫取代红色丝绒布，册内照片也以黄绫装裱，同时，照片选择与排序也与其他版本不同，"詹天佑与技术人员、工人合影的两张'验道专车'照片位于相册最末"，"特意去掉了诸官员的合影、肖像及行辕照，并将詹天佑等人合影置于卷末，这样做有可能一方面考虑到进呈给统治上层观赏时须恭敬小心，另一方面也使得这部相册主题更加贴合官方工程档案的性质"②。

二是国家图书馆藏本，为被誉为中国藏书票先驱的关祖章旧藏。在"同生照相号"纸签一侧，贴有一枚关祖章藏书票，背面还钤有两枚红色藏书章。藏书票 11.5cm × 8cm，黑色版印，画面中有位着长衫戴方冠的书生，身后的书架上整齐地码放着线装书和卷轴，身旁堆放的几个书箱都敞着盖子，箱里、地上散乱地堆着书籍、卷轴；借着左边油灯的光亮，书生正在展读手中的长卷；面前两个箱子上

---

① 詹天佑科学技术发展基金会、詹天佑纪念馆编：《詹天佑文集》，北京：中国铁道出版社，2006 年 7 月第 1 版。

② 杨国彭：《故宫博物院藏〈京张路工摄影〉》，《北京档案》2018 年第 6 期。

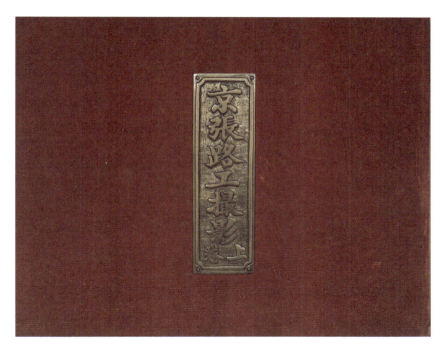

国家图书馆藏《京张路工撮影》全本

国家图书馆藏《京张路工撮影》
全本中的藏书票

国家图书馆藏《京张路工撮影》
全本中的藏书印

分别刻有篆书"书林""书易"字样；藏书票上方是手体楷书"关祖章藏书"几个大字。背面的藏书章一大一小，均为红印。大的一枚图案可与藏书票比对做"找不同"游戏，画面图案相近，细看却有不少差异，最明显的是箱子上的篆书为"春秋""诗易"。小的一枚以"圖书"二字为主体，变形为一座书舍与门前步道，中间是常出现在藏书票中的猫头鹰，可谓中西结合的完美设计。

关祖章（1894—1966），广西壮族自治区苍梧县人，曾留学美国，毕业于美国伦斯勒工艺学校，曾任民国政府交通部工程师、平汉铁路工程处处长等职。为京张铁路会办、我国首任铁路大臣关冕钧之子。父子二人均在铁路部门供职，家中收有《京张路工撮影》也不足为奇，但册中贴的这张藏书票及藏书印就不简单了。

我国古代藏书家常在书中钤以自己的私章，以证明书籍归属，最早的藏书章在西汉时期就已出现。而自15世纪在欧洲兴起的"藏书票"，具有同样的功用，但由于其以微型版画的形式存在，除了印有书主姓名及"ExLibris"①字样，还有各具特色的图案，更具艺术性，逐渐向世界各国普及。清末民初，随着中西文化交流的增加，一直使用藏书印的中国人，也开始接受藏书票这一新的选择。

台湾藏书票专家吴兴文在一本1913年出版的《图解法文百科辞典》中第一次发现了"关祖章藏书"藏书票。随后，国家图书馆藏《京张路工撮影》、杰克·伦敦著《阶级的战争》（1905年版）、《美国国家地理》杂志（1917年版）、浙江大学图书馆藏 *Taxidermy and Zoological Collecting*（即动物标本剥制术和动物标本收集，1916年版）等书刊上均发现了关祖章的藏书票。

《京张路工撮影》在各机构中的藏本都曾在公开展览中展示，另据杨国彭《故宫博物院藏〈京张路工撮影〉》文可知故宫藏全本详情，据李琮《中国国家博物馆藏〈京张路工撮影〉研究》文可知国博藏简本内容。结合国家图书馆藏本内容，整理出"国内部分单位收藏

① ExLibris 为拉丁文"……的藏书，……的藏本"之意。

《京张路工撮影》情况一览表",其他收有 183 张全本的机构藏本情况,应与国家图书馆藏本无异,北京市档案馆藏 178 张全本具体内容不详,据邵新春① 文仅可确认其中两张照片。

<h3 style="text-align:center">国内部分单位收藏《京张路工撮影》情况一览表</h3>

收藏单位	国家图书馆等机构	故宫博物院	国家图书馆	国家博物馆	北京市档案馆
版本/照片数量	全本183	全本168张	简本54张	简本56张	全本178张
[邮传部尚书徐世昌]	1				*
[邮传部侍郎汪大燮]	2				
[邮传部侍郎沈云沛]	3				*
[京张铁路总办兼总工程司詹天佑]	4				
[京张铁路会办关冕钧]	5				
[汪大燮与徐世昌合影]	6				
[詹天佑与工程技术人员在验道专车前合影]	7	167		*	
[詹天佑与工人们在验道专车前合影]	8	168		*	
阜成门外工程局	9			*	
阜成门工程局客厅	10	1			
京张干路起点	11	2	2	*	
[广安门车站]	12	3			
西便门5号天桥	13	4	3	*	
西便门天桥	14	5			

---

① 邵新春:《档案的功绩 永恒的回忆——北京市档案馆馆藏珍品档案〈京张路工撮影〉,《北京档案》2005 年第 1 期。

（续表）

收藏单位	国家图书馆等机构	故宫博物院	国家图书馆	国家博物馆	北京市档案馆
阜成门过车道口栅门	15	6			
西直门过车道口栅门	16	7			
西直门停车场	17	8	4	*	
西直门停车场	18	9			
西直门停车场	19	10	5	*	
西直门车站	20	11	6	*	
大石桥河12号桥	21	12	7	*	
箭亭14号桥	22	13			
清河车站	23	14			
南沙河15号桥正面	24	15	8	*	
南沙河15号桥侧面	25	16	9	*	
南沙河15号桥	26	17	10	*	
[沙河车站]	27	18			
北沙河16号桥侧面行车景	28	19	11	*	
北沙河16号桥侧面	29	20			
辛店20号桥侧视	30	21			
[南口车站]	31	22	12		
南口机车房	32	23			
南口制造厂	33	24			
南口工程司处	34	25			
南口机器总管处	35	26			
南口机器厂	36	27			
南口总材料厂	37	28			
南口监工处	38	29			
南口旅馆	39	30			
岫泥坑23号桥	40	31	13	*	

收藏单位	国家图书馆等机构	故宫博物院	国家图书馆	国家博物馆	北京市档案馆
窑顶沟24号桥	41	32			
东园新添车站作工景	42	33			
战沟26号桥	43	34			
居庸关南隔洞望火车全景	44	35	14	*	
居庸关山洞南口外27号桥	45	36	15	*	
居庸关山洞南口	46	37			
居庸关山洞北口	47	38	16	*	
居庸关新添车站道岔作工景	48	39			
三桥子村28号桥	49	40			
四桥子29号桥由西望景	50	41	17	*	
四桥子29号桥由东望景	51	42	18	*	
居庸上关由南望景	52	43	19	*	
居庸上关30号桥	53	44	20	*	
三堡32号斜桥适过火车景	54	45	21	*	
五桂头山洞南口	55	46	22	*	
五桂头山洞北口34号桥适过火车景	56	47	23	*	
石佛寺山洞南口35号桥	57	48	24	*	
石佛寺山洞北口	58	49			
由小八达岭保险道岔遥望景	59	50	25	*	
石佛寺山洞北37号斜桥	60	51			
六郎影37号桥	61	52			
青龙桥村首38号桥	62	53			
青龙桥车站	63	54	26	*	
青龙桥停车场由西南遥望景	64	55	27	*	
青龙桥停车场39号桥由西首正视全景	65	56			
青龙桥停车场由东首正视全景	66	57	28	*	
青龙桥车站上水塔	67	58			

（续表）

收藏单位	国家图书馆等机构	故宫博物院	国家图书馆	国家博物馆	北京市档案馆
青龙桥车站西上下火车同时开行由南望景	68	59	29	*	
八达岭山洞南口外40号桥	69	60			
八达岭山洞南口	70	61	30	*	
八达岭洞井通风楼	71	62			
八达岭洞井通风楼由西遥望全景	72	63			
八达岭山洞北口	73	64			
八达岭山洞北41号桥	74	65			
岔道城南42号桥	75	66			
岔道城西43号桥	76	67	31	*	
龙潭沟44号桥	77	68			
西拨子45号桥	78	69			
西拨子车站碴场道岔	79	70			
西拨子车站	80	71			
小红山沟46号桥	81	72	32	*	
炮上河47号桥	82	73			
炮上河48号桥	83	74			
炮上河49号桥	84	75			
[康庄车站]	85	76	33	*	
康庄火车房及上水塔	86	77			
康庄停车场由东望景	87	78			
康庄货栈房及停车场	88	79			
大王庄前轨旁卸水沟景	89	80			
石桥子村后52号桥	90	81			
南禾硕营55号桥	91	82			
怀来河56号桥由东首北面侧望景	92	83	34	*	

（续表）

收藏单位	国家图书馆等机构	故宫博物院	国家图书馆	国家博物馆	北京市档案馆
怀来河56号桥由西首北面侧望景	93	84			
怀来河56号桥南面正视景	94	85			
[怀来车站]	95	86			
怀站水塔	96	87			
郎山72号桥	97	88			
五营梁玉带沟73号桥	98	89			
老营洼75号桥	99	90			
土木西沙河76号桥	100	91			
小土木寨过马车天桥	101	92	35	*	
太平沟77号桥	102	93			
沙城东沙河78号桥	103	94			
[沙城车站]	104	95			
新保安监工住房	105	96			
鸡鸣驿87号桥	106	97			
鸡鸣驿88号桥	107	98			
鸡鸣驿碴厂	108	99			
油黄沟97号桥	109	100	36	*	
佛爷洞洋灰砖道坡	110	101			
鸡鸣山煤矿枝路与干路相接处	111	102			
[下花园车站]	112	103			
下花园沙河98号桥	113	104			
金龙口99号桥	114	105	37	*	
蛇腰湾西洋灰砖道坡	115	106	38	*	
蛇腰湾西劈山填河并洋灰砖道坡	116	107			
蛇腰湾东洋灰砖河底并御石墙	117	108			
老龙背开山并洋灰砖道坡	118	109	39	*	

（续表）

收藏单位	国家图书馆等机构	故宫博物院	国家图书馆	国家博物馆	北京市档案馆
响水堡东山沟104号桥	119	110	40	*	
十段工程司处人员	120	111			
泥河子110桥	121	112	41	*	
[宣化府车站]	122	113			
吊桥河116号桥	123	114	42	*	
清水河117号桥	124	115			
吊桥河116号桥	125	116			
沙岭子孤山片石厂	126	117			
沙岭子车站远景	127	118			
沙岭子水塔及井房	128	119			
沙岭子车站	129	120			
张家口涵洞	130	121			
[张家口车站]	131	122	43	*	
张家口停车场	132	123			
马力机车	133	124	44	*	
摩格尔机车	134	125	45	*	
欧节机车	135	126			
播得威机车	136	127			
[头等客座车厢]	137	128	46	*	
头等花车	138	129			
包车	139	130			
[头等客座车厢]	140	131			
[二等客座车厢]	141	132			
[三等客座车厢]	142	133			
铁棚车	143	134			
马车	144	135			

（续表）

收藏单位	国家图书馆等机构	故宫博物院	国家图书馆	国家博物馆	北京市档案馆
货车	145	136			
碴车	146	137			
平车	147	138			
猪车	148	139			
守车	149	140			
京门枝路起点	150	141			
七贤村涵洞	151	142			
旱河5号桥	152	143			
北辛安9号桥	153	144			
麻峪11号桥	154	145			
[三家店车站]	155	146	47	*	
永定河12号桥	156	147	48	*	
永定河12号桥	157	148			
[门头沟车站]	158	149			
播得威机车	159	150			
北英机车	160	151			
煤车	161	152			
张垣观成商界欢迎	162	153			
张家口车站观成	163	154			
张垣观成	164	155			
部堂张垣观成行辕	165				
邮部堂宪张垣观成	166		49	*	
部堂张垣观成行辕	167				
三堂验收路工张垣行辕	168				
张垣观成专车	169	156			
张垣观成商界欢迎	170	157	50	*	

（续表）

收藏单位	国家图书馆等机构	故宫博物院	国家图书馆	国家博物馆	北京市档案馆
南口茶会专车	171	158	51	*	
南口茶会专车	172	159			
邮部堂宪莅南口茶会	173				
[主要工程技术人员合影]	174		1	*	
南口茶会彩棚	175	160			
京张铁路通车纪念牌楼	176	161			
南口茶会	177	162	52	*	
南口茶会彩棚车辕门	178	163			
南口车站茶会彩棚	179	164	53	*	
南口茶会彩棚	180	165			
南口茶会彩棚	181	166			
南口茶会彩棚内演说台	182		54	*	
南口茶会彩棚内容	183				

注：1.带"[ ]"题名为编者自拟，原照上未印题名。

2.表中所列数字为照片在册内顺序号。

3.表中"*"表示册中包含此照片，但不确定顺序。

第三节
《京张路工摄影》中的照片

　　《京张路工摄影》中的照片以全本看，排在最前面的为邮传部官员及京张铁路相关人物照，然后是京张铁路工程局内外景，接下来便从京张铁路干路起点一路走下去直至张家口，并展示了正线机车照片；继而转入京门支线起点至门头沟车站，同样附上支线机车照片；接下来则是张垣观成及南口茶会场景。本节不按上述排序，而分为人物、车站及配套设施、桥梁涵洞、隧道、线路、机车、通车庆典等几大类做专题介绍。

人物照

　　排在《京张路工摄影》全本最前面的，是 5 幅人物肖像，依次为徐世昌（邮传部尚书）、汪大燮（邮传部左侍郎）、沈云沛（邮传部右侍郎）、詹天佑（京张铁路总工程司）、关冕钧（京张铁路会办）。

几张照片均为室内拍摄的白底标准肖像照，每人皆着官服、戴官帽，正像，头向左或右微侧，照片清晰度很高，且有精修处理。

这5人中，除了詹天佑、关冕钧是京张铁路的总负责人，另三位均为邮传部官员，相当于京张铁路局的"上级领导"。邮传部设立于1906年，清政府推行官制改革"轮船铁路电线邮政应设专司 著名为邮传部"，将原来分散的交通、邮政集中管理，以尚书及左、右侍郎总管，下设船政、路政、电政、邮政、庶务五司。1907年邮传部下属铁路总局成立，分设京汉、京奉、京张、正太等线路局。邮传部十分重视留学生的任用，"曾在外洋游学之官员三人，将分别派充轮船、电政、邮政顾问官"，如首任左侍郎唐绍仪，即是第一位出任清廷要职的留美归国学生，詹天佑也是邮传部重用留学生的典型。邮传部虽存在时间不长，官员更迭频繁，但对中国铁路事业的发展推动仍起了不可低估的作用。如任期仅有一个月的第三任尚书岑春煊，从俄国交还营口海关的税银里支出65万两，以解詹天佑购买京张铁路钢轨之急；又如第四任尚书陈璧收回京汉铁路，创办了交通银行。京张铁路通车时的邮传部尚书正是《京张路工摄影》首页的徐世昌。

徐世昌（1855—1939），自袁世凯小站练兵时成为其谋士，是袁世凯的莫逆之交。1904年，徐世昌担任了中国历史上最后一次科举会试的阅卷大臣。1906年，被任命为钦差大臣、东三省总督，集军政大权于一身，官至从一品。1908年底，宣统继位，摄政王载沣当权，袁世凯被罢官。徐世昌怕受牵连，数次请奏病休，载沣未予准奏，而是将其调任邮传部尚书。无论是任东三省总督还是邮传部尚书期间，徐世昌十分重视自有铁路建设与路权回收，对中国铁路的发展

邮传部尚书徐世昌

起到了重要的推动作用。在任邮传部尚书期间（宣统元年四月至宣统二年七月），正是京张铁路施工末期及通车初始的关键时段，他曾"乘坐火车，径赴张家口，履勘沿途工程""视察其路工，以期查勘桥梁之是否适宜，弯道坡道之是否合法，土工材料之是否牢固等""勘测全路返京之后，随即向朝廷呈递了《验收京张铁路工程情形折》"[1]。1916 年，袁世凯被迫取消帝制，任徐世昌为国务卿。1918 年，徐世昌就任中华民国大总统。

徐世昌的副手，左侍郎汪大燮、右侍郎沈云沛均在 1908 年就任，在《京张路工摄影》中位列照片第二、三位。

汪大燮（1859—1929），他的第一身份是外交官，在邮传部任职，参加京张铁路验收及通车庆典，仅是他外交生涯中的一段小插曲。《辛丑条约》谈判时，俄国提出签订东三省的特别条约，伺机侵占东北，当清政府准备妥协时，汪大燮代驻俄使馆大臣桂春上书"万不能于和约之外，别订专约，致使各国仿效"，成功阻止了俄国的图谋。1901 年,总理各国事务衙门改为外务部,汪大燮任和会司员外郎。1902 年任赴英贺国王加冕专使载振的参赞。同年，又被派为首任留日学生总监督。1905 年任驻英公使，同年 11 月，汪大燮与驻美公使

---

① 李慧：《徐世昌与清末铁路》，硕士论文，河南师范大学，2010 年。

梁诚、前驻英公使张德彝、前驻法公使孙宝琦、前驻德公使臣荫昌等8人上奏，请求清政府以5年为期，"改行立宪政体"。1907年，汪大燮回国出任外务部右侍郎，却因奉命与英国公使协商借款筑路而卷入江浙铁路风潮，被众人指责为"卖国"。为避风头，汪大燮于9月转任出使英国考察宪政大臣，并于11月出京，江浙铁路交涉事宜转由梁士诒负责。1908年，汪大燮回国就任仓场侍郎，复转邮传部左侍郎，1910年5月又被任命为驻日公使，重返外交舞台。民国年间，他历任教育总长、交通总长、赴日专使、外交总长、国务总理等职。

邮传部侍郎汪大燮

沈云沛（1854—1918），是以实业救国的实业家，主张"谋实业以培天下元气"，曾在家乡海州（今连云港市海州区）投资创业，创办实业厂矿与商业网点，并率先进行垦荒种植，推广农业试验；还参与组织"中国实业会"及各种商会，不遗余力地为我国实业发展奔走呼号。1907年，沈云沛被任命为农工商部右侍郎，专门经营推广实业经济。同年，又改任邮传部右侍郎，后历任署理邮传部

邮传部侍郎沈云沛

尚书、津浦路会办大臣等职。他深明修筑铁路的重要意义，着力开办技术学校，培养铁路交通技术人才，力荐詹天佑为京张铁路总工程司。在京张铁路插标动工仪式后，沈云沛专门约见詹天佑、关冕钧、俞人凤等人，表达了他对中国人凭己之力修筑好这条铁路的信心。

1905 年，京张铁路总局成立之初，陈昭常为总办、詹天佑为总工程司兼会办司务，关冕钧时任邮传部总务，被任命为京张铁路总管。1907 年，詹天佑升任京张铁路总办兼总工程司，关冕钧也收到诏书，成为中国首任铁路大臣。

回望两人的成长轨迹，詹天佑作为首批留美幼童，12 岁赴美，17 岁考入耶鲁大学土木工程系铁路工程专业，21 岁归国，当过"扬武号"兵舰船员，也在福建、广州任过教员。27 岁那年，经邝景扬介绍，到天津中国铁路公司任帮工程司，正式开启了铁路工程司生涯。关冕钧（1871—1933）23 岁参加"恩科"考取进士，先后任国史馆协修官、充编书处纂修官、功勋馆纂修官，33 岁时担任了最后一次"恩科"会试的主考官。第二年，作为参赞大臣随五大臣赴日本、美国、英国、法国、比利时、德国和奥地利等国考察，大开眼界，树立起实业救国和政治救国的信念，与李鸿章、梁士诒等人积极倡导，促使清政府决定不依靠外国人的技术和资金修建京张铁路。

在京张铁路建设过程中，詹天佑作为总工程司，负责工程线路的勘测、调研，以及施工方案的确定、实施；关冕钧作为总管，负责工程的调度指挥，以及经费的调拨、管理和相关后勤事务。两人分工协作，共同见证了第一条中国人自建铁路的诞生。

1912 年 9 月，孙中山在詹天佑、关冕钧的陪同下视察了京张铁路，

京张铁路总办兼总工程司詹天佑　　京张铁路会办关冕钧

对工程的整体规划、筹备、资金、管理、调度、技术等方面逐一了解，并对二人给予了高度评价和鼓励。之后，为筹划全国铁路建设，考察铁路发展现状，孙中山又请詹天佑、关冕钧等人陪同赴山西调研，查看了正太铁路沿线情况。

　　与一直奔波在铁路建设第一线的铁路工程师詹天佑不同，关冕钧行走仕途，但他把两个儿子关祖章、关祖光都送到美国学习铁路工程。关祖章回国后曾跟随詹天佑出现在各个铁路施工现场，相继任交通部工程师、平汉铁路工程处处长、梧州市工务局局长等职。关祖光回国后也担任了京汉、津浦铁路总工程师，一生投身铁路事业。

　　1906 年，京张铁路首段施工完成，在通车前，从南口发出的验道专车一路接载各路段扳道工和监工抵达丰台；从丰台以时速 10 英里驶往南口，再以时速30英里返回丰台，请这些扳道工和监工据各段线路运行状况进行评分。在《京张路工摄影》中以"验道专车"为题名，收入两张詹天佑与参与验收的工程技术人员及工人们的合影：其一，拍摄于阜成门乘降所，列车停在一处略有弧度的车道上，一侧是高台，一侧是竹林；翟兆麟（右一）、詹天佑（右三）、陈西林（右五）、柴俊畴（左三）等人立于验道专车前的铁道上，身后的车上站满了工人，可见他们手中拿着做记录的纸笔。其二，摄影师请詹天佑（右五）、柴俊畴（左三）、翟兆麟（左四）、陈西林（左五）等人斜向立于道旁，从车辆侧方取景，使这几人与满载工人的列车呈"人"字形构图，更多扳道工和监工的面孔被展现出来，验道专

天佑与工程技术人员在验道专车前合影

詹天佑与京张铁路工人们在验道专车前合影

车的样式细节也得到更清晰的呈现。

　　《京张路工摄影》中收入的另外几张人物照，是 1909 年南口通车庆典上的纪念合影。

　　其一，汪大燮与徐世昌合影，摄于室内，两人皆着官服，坐于双人扶手椅上，镜头位于左前方，使原本就比汪大燮个头儿高的徐世昌显得更加圆润一些。

　　其二，题名为《邮部堂宪张垣观成》的合影，摄于张垣观成行辕院中。配合《部堂张垣观成行辕》记录的场景，可以看到院中能容纳几十人合影的空间有限，官员们只能集中在廊下一角，呈弧状排列，首排坐，二排立，后排则需垫起高台站立。摄影师应是站在中央花坛远端拍摄，尽量增加取景范围，但仍无法避免两侧有人被

汪大燮与徐世昌合影

邮部堂宪张垣观成

裁切、虚化。合影前排坐的大多是邮传部官员，如徐世昌（右五）、沈云沛（左三）、汪大燮（左四）；后面几排站立的则是京张铁路相关工程技术人员及地方官绅，如陈西林（二排左一）、詹天佑（二排左二）、邝景扬（二排左三）、关冕钧（二排右六）、柴俊畴（三排左二）、翟兆麟（三排左四）、俞人凤（三排左七）等。

其三，《邮部堂宪莅南口茶会》为京张铁路工程局官员迎接邮传部官员拍摄的纪念合影，摄于南口茶会彩棚门前。不知为何，这张照片拍得略显随意，不仅其中人物视线不统一，照片清晰度也一般。照片前排坐有沈云沛（左一）、汪大燮（左二）、徐世昌（右三）等人，

邮部堂宪莅南口茶会

在徐世昌左侧未着官服的是著名藏书家傅增湘，在通车典礼上，他作为直隶总督兼北洋大臣的代表宣读了颂词。后排立者有徐文泂（左一）、张鸿诰（左三）、柴俊畴（左五）、关冕钧（左七）、陈西林（左八）、翟兆麟（右三）、詹天佑（右四）、颜德庆（右七）。

其四，在同样位置还拍摄了一张京张铁路主要工程技术人员合影。前排翟兆麟、陈西林、詹天佑、颜德庆、俞人凤（从左至右）等人正襟危坐，徐文泂、张鸿诰、柴俊畴（从右至左）等人依次错位立于后排。所有人都穿官服戴官帽，与前一张和邮传部的合影相比，明显正式多了。

主要工程技术人员合影

车站及配套设施

《京张路工撮影》中，共收入车站18座，包括广安门车站、西直门车站、清河车站、沙河车站、南口车站、东园车站、居庸关车站、青龙桥车站、西拨子车站、康庄车站、怀来车站、沙城车站、下花园车站、宣化府车站、沙岭子车站、张家口车站，以及京门支线上的三家店车站和门头沟车站。

据《京张铁路工程纪略》记载，京张铁路按照业务繁简程度，将全线车站按一至四等划分，如西直门、张家口、宣化几站为头等车站，广安门、怀来等设为二等站，清河等设为三等站，西拨子等为四等站，并指出，四等站"往往无营业可言"，只因线路距离原因，不得不设置小站，"以供上下行列车途中交错之用"。同时还规定，所有车站均按标准图示，根据所定等级修建。并以宣化府车站为例，详细介绍了头等车站的建造配置：前排五间，后排六间，两排平齐。前五排正中为旅客购票上车入口，右侧两间分别分男客候车室、女客候车室，左侧两间分别为售票室及票务室；后排中间为穿堂，左侧三间分别为电信办公室、货票房、售票员宿舍，右侧三间分别为站长办公室、食堂、存货房；末排六间平列，左侧三间为站长住宅，右侧三间为站役宿舍及厨房等杂屋。"全站墙均用青砖，前栋外墙厚一砖半，内墙及后栋各墙均厚一砖。前栋梁架四座，上覆白铁瓦，四围筑以天沟。墙檐门窗上额涂以丹色，室内墙壁均以白垩涂之，四面装设玻璃窗，外护以百叶窗。墙脚窗台均以一三六洋灰混合土

西直门车站

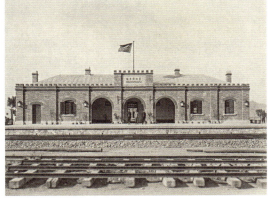

宣化府车站

张家口车站

作成房基，深四尺许，用片石砌成，空处则用一四石灰浆胶灌坚实。墙基深二尺，以一六灰沙作成。"

　　西直门车站建有与宣化府车站相似的主站房，南侧增配一幢面宽三间的副站房。张家口车站站房多了两间，达到横向九间，拱券门内还设有门廊。拍摄张家口车站正值京张铁路通车典礼之际，站房女儿墙的站匾上搭起彩棚，做有"二龙戏珠"装饰，竖着龙旗，拱门上还围挂着各友国国旗，看起来更加气派。

　　《京张路工撮影》中对车站的记录，除了站房，也涉及相关的配套设施、厂房等，从这些照片中，我们可以了解到这些车站的规模、在线路中的重要程度及承担的作用。

　　西直门车站共收入 5 张相关照片，除车站站房外，还包括过车道口栅门、西直门停车场。《西直门过车道口栅门》是在西直门西侧

西直门过车道口栅门　　　　　　　　　西直门停车场

直门停车场

由南向北拍摄的，照片中近处可见城楼一角及三条铁路线，其中中间一条即为京张铁路正线。远处可见西直门机车房，再往北走，摄影师为西直门停车场连拍 3 张照片，从中可以清楚地看到西直门机车房、为蒸汽机车上水用的水塔、机车掉头转盘及远片的京门支线站台、职工宿舍，在第二张照片右侧，还可见 1900 年被八国联军焚毁的西北角楼残垣。照片题名为《西直门停车场》，其中自然少不了机车照片，除前后两张机车处在远端，中间一张照片中可见拖挂了煤车、客车、守车的播得威机车停在站台南侧的线路上。

南口，是京张铁路上的重要节点，往北继续前行，就将迎接全线的"硬骨头"关沟段的挑战。1906年2月，京张铁路首段（丰台至南口）开通时，曾在南口车站举行首段开通运营典礼。从照片中我们可以看到南口车站的站房为横向五间，中间三间设有券门，正中女儿墙上筑有白底黑字的站匾。首段通车的五个车站，除头等站西直门站外，其余建筑格局均与南口车站一致，这五块站匾上的题字也均由时任京张铁路总办陈昭常于1906年题写。全线通车后，南口车站按一等站规格扩建为七间。

南口一带地势平缓宽阔，适宜建站设厂。由于列车驶出南口站后需要跨越地势险峻的关沟段，普通机车的牵引力无法满足需求，需要更换大马力山道机车，故设置南口机车房，用于来往列车的牵引作业。蒸汽机车的运行离不开煤和水的支持，从照片中可见一座高水塔与煤台，两侧的车道上停有索引机车和货车，右侧是有两个门道的机车房。同时，考虑到关沟一带线路曲折，陡峭难行，机车易发生故障，在1906年决定设立工厂，以保障机器设备的正常运转。《京张路工撮影》中《南口制造厂》由西向东拍摄了工厂远景，越过花石堆砌的围墙可见里面仅有一排简易的厂房；《南口机器厂》则自东向西取景，拍摄了厂区内部情况。此外还有南口工程司处、南口机器总管处、南口总材料厂、南口监工处等。所幸，百年后的今天，这些建筑大多保存完好。

南口旅馆位于南口车站东侧，照片中可见旅馆大门上挂有"中外旅馆""南口公司""NANKOU RAILWAY HOTEL"字样的牌子。这里是当年招待参加京张铁路通车典礼的官员、中外嘉宾就餐、休息的地方。之后，由于南口旅馆的吃住条件好，堪比北京城里的"六

南口旅馆　　　　　　　　　　南口机车房

口车站

南口制造厂

口工程司处

口机器总管处

口总材料厂

南口监工处

南口机器厂

国饭店",逐渐成为国内外游客、富商巨贾的旅游集散地,他们通常从西直门乘坐火车抵达南口,稍作休息,再分散去八达岭长城、明陵等地游玩。

　　青龙桥车站位于著名的"之"字形铁道的一旁,站按三等站样式修建。前排5间站房,后排2间站房,中间有通道和庭院相连;灰砖墙面,在拱窗、女儿墙上刷有红色装饰线。但照片的拍摄角度与其他车站的正向不同,因为青龙桥车站的地理位置,纵向间距较窄,摄影师选择站在铁道线上由西向东北斜向拍摄,不仅更好地展

青龙桥车站

龙桥停车场由西南遥望景

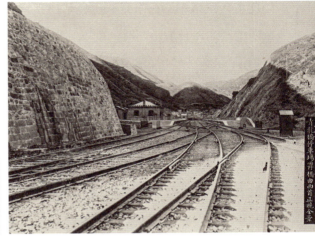

青龙桥停车场 39 号桥由西首正视全景

龙桥停车场由东首正视全景

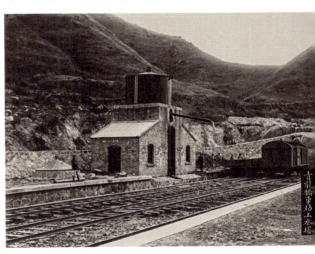

青龙桥车站上水塔

现了青龙桥车站的全景，也显示出站房后面山体的巍峨，还可见山间的八达岭长城。同时，配以《青龙桥停车场由西南遥望景》《青龙桥停车场39号桥由西首正视全景》向观者介绍车站的全貌及线路布局。又有《青龙桥停车场由东首正视全景》《青龙桥车站上水塔》两张照片，可见站道旁为蒸汽机车供水的上水塔。

　　康庄车站与南口车站分别为关沟段的两端，在南口车站被集结牵引的车辆通过关沟段之后，需在康庄车站进行分解，重新集结。《京张路工撮影》中的康庄车站与南口车站几乎一模一样，1910年后两站同时扩充至7间。从《康庄火车房及上水塔》中可见，这里的机车房也与南口车站中的一致，边上同样配有煤台和蒸汽水塔。完成牵引任务的山道机车通过机车房进行折返及整备，再返回南口站。从《康

康庄车站

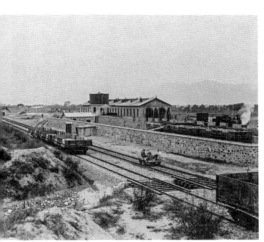

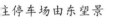主停车场由东望景

康庄货栈房及停车场

主火车房及上水塔

沙岭子车站远景

庄停车场由东望景》及《康庄货栈房及停车场》可
见这个在京张铁路运输中担当了重要作用的车站
全景。

　　与前述有"名气"的大站不同,占据《京张
路工摄影》多幅页面的,还有个不太为人知的车
站——沙岭子。西行的京张铁路从"沙岭子孤山
片石厂"拐了个弯,绕过了孤山继续北行,供蒸
汽机车上水的水塔建在铁路东侧,之后摄影师以
近景专门拍摄了上水塔及塔后井房,不远处,已
能看到沙岭子车站了。照片从西南向东北拍摄,
与青龙桥车站的小角度侧向取景不同,沙岭子车
站是远端斜向拍摄,可以看到站房正侧两面房间
布局,全线采取这种拍摄角度的只有西直门车站,
其他 10 余个车站均是正向拍摄。

　　在京张铁路规划初期,列车从南口是直达青

沙岭子水塔及井房

沙岭子车站

东园新添车站作工景

居庸关新添车站道岔作工景

龙桥的，后为增加南口至康庄的运力，新添了4座小站。在谭锦棠拍摄时，记录下了其中几个车站施工的场景。在东园车站，镜头对向东南方，此时站台已筑好，并已铺设保险道岔，但站房尚未开始搭建，工人正通过架设在路基与站台间的"木桥"运送石材。在《居庸关新添车站道岔作工景》中可见，右侧的正线车道左侧，增加了直行上坡的避险道岔，在线路的北侧将建起居庸关车站。之所以设置避险线道，缘于前段是长时段的大下坡，为防止列车刹车闸片过热发生意外，自青龙桥驶来的上行列车均在此处停车降温。如今我们开车行驶在京藏高速八达岭区段进京方向，也经常能看到避险车道。而另一张照片《西拨子车站》中，站台正在铺建，站房尚未建好，可见停在侧线上的碴石车。

西拨子车站

桥梁涵洞

桥梁、涵洞是铁路修筑工程中最重要的部分，《京张铁路工程纪略》中有"厥为桥工建有河道则造明桥，遇有沟渠则筑涵洞，然亦心察河道之广狭，水势之猛弱，而定桥孔之短长"，即在设计勘测时，需了解河流在最大洪水期的水位高度、水流形势，结合河道状况，规划桥梁的长度、孔距以及打桩、填土方式；当线路经过山涧、田渠时，需修建涵洞，以便路基排水。京张铁路共修建桥梁 220 余座，涵洞若干，《京张路工撮影》收入全线各类铁桥、石桥、木桥及涵洞等照片共 70 余张，其中以铁桥数量最多。

京张铁路上的铁桥，大多采用上承式钢板梁架筑，这种结构适用于地势平缓、河道不宽的区域。但詹天佑仍以此式建筑了长铁桥，颇不简单。京张铁路正线上最长的铁桥是全长 231 米的怀来河 56 号桥，为 7 孔上承式钢梁桥。怀来河是位于怀来盆地的古河道，水流湍急，河床地质十分松软，在此架设大跨度铁桥难度很大。桥体施工时，采用先在地基处架设垫有木板、木杆的木支架，再以重型夯锤打入木桩的"撺柱法"，继而用混凝土浇筑桥墩和桥台。在桥的东北角，还垒有五层混凝土挡水墙，以抵挡河道转弯时带来的水冲击。在架设钢板梁时，由于时间和经费有限，只能在南口工厂将钢板梁先行分解，再用骡车运至工地，在施工现场完成组装。大桥自 1906 年冬开工建设，至 1908 年 5 月胜利完工，成为京张铁路桥梁施工中的标志性工程。从《怀来河 56 号桥南面正视景》中，可见这座"京

来河 56 号桥南面正视景

怀来河 56 号桥由西首北面侧望景

怀来河 56 号桥由东首北面侧望景

张铁路第一长桥"全貌；从《怀来河 56 号桥由西首北面侧望景》中，可清楚地看到桥墩及钢板梁的架设情况；另一张《怀来河 56 号桥由东首北面侧望景》中，桥上停有一辆摩格尔机车。1927 年，因治理河道，大桥改为 5 孔，长度缩短了近 80 米。20 世纪 50 年代，官厅水库建成后，怀来河大桥停止使用。如今，水位较低时，还可见大桥残留的部分桥墩。在京门支线上的，还有一座与怀来河 56 号桥一孔之差的永定河大桥，两桥架构完全相同，唯后者多出一孔。《京张路工撮影》全本中的《永定河 12 号桥》《怀来河 56 号桥南面正视景》与《怀来河 56 号桥由东首北面侧望景》角度相同，可做比对。

在沙河车站南北两端，有两座铁桥占据了《京张路工撮影》的

永定河 12 号桥

南沙河 15 号桥正面

南沙河 15 号桥侧面

南沙河 15 号桥

5 页篇幅。其中南沙河桥分别自西向东、自东向西、自南向北三个角度取景，从照片中我们也能看到这座桥的特别之处，桥的南北两端的结构与孔距明显不同。这是由于南沙河至巩华城外河这一段被称作"安济春流"的河段，有座著名的石桥"安济桥"，在洪水期会阻挡河水，使水流对南端河道造成较大冲击。因此，南沙河桥由南段五孔上承式钢板梁桥和北段一孔下承式钢板梁桥组合而成，增加桥梁承载强度。在《南沙河 15 号桥正面》照片中，可见南北两段的交接线及北段的钢板梁，桥上还有一台自行轨道车，车上载着几名工人。在西便门天桥的照片上，我们可以更清楚地看到这种自行轨道车的样子。从南沙河桥往前一公里就是沙河车站，再往北就到了北沙河桥。詹天佑在测绘线路时曾记载，"跨越北沙河需 8 孔跨度 60 英尺桥梁一座，采用桩基础……据说在洪水期间，此河水量比南沙河大"。在《北沙河 16 号桥侧面》中，可见这座 8 个水泥桥墩的钢板梁桥；而在摄影师在稍远位置拍摄的《北沙河 16 号桥侧面行车景》中，除了桥上正有混编列车驶过，在水泥桥桥墩两端又出现了枕木垒筑的几个桥墩，这是在施工过程中，詹天佑调整了方案，先在河道中部水流最集中的范围设置水泥桥墩，两侧暂以临时桥墩替代，观察一段时间后再改为水泥桥墩。京张铁路全线通车后不久，原来的10孔便桥与正桥统一，枕木桥墩改为水泥桥墩，以168.8米的长度位列京张铁路长桥第二。2016年11月，因修建京张高铁，沙河站南边的京张正线停用，南沙河桥被废弃，于次年夏天拆除。随后，北沙河桥也停用并被拆除。

另一座长桥"金龙口99号桥"总长153米，仍采用上承钢板梁结构，共有18个桥孔。但东侧8孔相比西侧10孔，每孔跨度小3米多。1957年，在老桥西南并行修建了一座新桥，新旧两桥分别用作下行线和上行线。

北沙河 16 号桥侧面

北沙河 16 号桥侧面行车景

金龙口 99 号桥

上河 47 号桥

上河 48 号桥

上河 49 号桥

　　在八达岭到康庄的线路上，为跨越炮上河支流，建了 3 座铁桥，它们如同兄弟一般，样式相似、命运相同。这 3 座桥均为上承式钢板梁桥，从照片中可见相似的桥墩、桥台、桥面、护坡，区别在于第 47 号桥为 2 孔，第 48 号桥为单孔，第 49 号桥为 4 孔。虽然拍摄时河道干涸，但线路护坡仍以石材加固，以防水流冲击。解放前的战火使 3 座桥遭到不同程度的毁坏，在后期修复中将钢板梁改为混凝土梁，铁桥变成了石桥。

　　京张铁路上的石桥多以石砌或混凝土浇筑，沿施工线路就地采石、加工、堆砌，在混凝土中加入坚硬的片石或混入钢筋，再根据地势地貌决定桥的具体结构。如建在窑顶沟峡谷中的 24 号桥设计为 5 孔，以分散山洪对桥体的冲击损害，照片中可见每个孔顶与桥面的距离并不相同；同为 5 孔的"战沟 26 号桥"明显比 24 号桥更高，孔洞顶端与线路的间距更大，同时在迎水面的桥墩上还做了加固。"居庸关山洞南口外 27 号桥"是使线路从半山腰拐入山谷的一座单孔斜跨桥，建造难度极高，从照片中可见石桥护坡角度很大；后面的"三桥子村 28 号桥"同为单孔，但孔洞比 27 号桥窄了近 2/3，孔洞顶端到桥面的高度甚至高于孔高，从照片中可见，从桥面到铁路线还有一段护坡，摄影师特意让工人分别立于桥上和线路旁，以显示两者落差。

战沟 26 号桥

窑顶沟 24 号桥

居庸关山洞南口外 27 号桥

三桥子村 28 号桥

居庸峡谷两头宽中间细，山谷中夹持着涧河，地形复杂。翻阅影集，我们可看到，通过架设桥梁，京张铁路一次次在涧河上跨越。这些桥中，除四桥子29号桥外，其他均毁于1939年的山洪。四桥子29号桥在1937年南口战役时曾被炸毁，修复后又被山洪冲毁桥堤，所幸百年过去，仍然健在。记录四桥子29号桥的两张照片，分别从桥东侧和西侧拍摄，这座跨度为10米的单孔石拱桥两端都修筑了长护坡，在西侧桥洞旁可见大量碎石，应为山洪冲入河道。"居庸上关30号桥"同为单孔石拱桥，跨度13.3米，涧河水自桥洞中流过，桥旁驼队小憩，骆驼正在饮水。三堡32号斜桥所处河道较宽，桥体斜向以顺河势，采用了8孔上承式钢板梁结构，照片拍摄时正有火车

四桥子29号桥由西望景

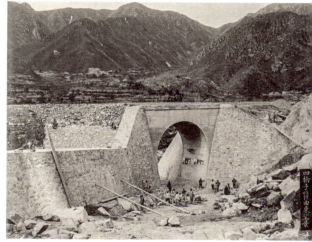

四桥子29号桥由东望景

---

① 顾祖禹：《读史方舆纪要》，卷十七延庆州记：涧河在"州南三十里源出八达岭，岭东四里有青龙桥，涧河经其下，东南流入居庸关，达昌平州界入于榆河"。

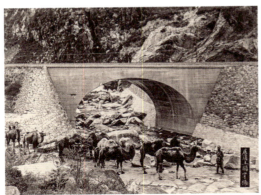

居庸上关 30 号桥

三堡 32 号斜桥适过火车景

五桂头山洞北口 34 号桥适过火车景

石佛寺山洞北 37 号斜桥

六郎影 37 号桥

青龙桥村首 38 号桥

从桥上经过，故名《三堡 32 号斜桥适过火车景》。之后列车将连续两次跨过涧河，先是在五桂头隧道中，再是在五桂头山洞北口 34 号桥，这座单孔石拱桥就建在山洞出口，照片中的马莱机车刚将货车推出五桂头隧道，机车尚在桥上。过了石佛寺隧道一里地，修筑了 6 孔上承式钢板梁式的第 36 号桥。最后跨越涧河的桥又是一座单孔石拱桥，名为"六郎影 37 号桥"。被 1939 年山洪摧毁的还有"青龙桥村首 38 号桥"，后来修复过程中，这座石拱桥由单孔改为双孔。

在《小土木寨过马车天桥》照片中，一列火车正从桥下驶过，这座架在铁道两侧平缓土坡上的桥，不是铁桥，也非石桥，而是京张铁路上少有的木质跨铁路天桥。之所以采用轻便的木材，因为它不用承载重型机车，仅是为行人、车马安全通过铁路而设，有些像

土木寨过马车天桥

现在的过街天桥。

　　收入《京张路工摄影》的桥梁中，有些缘于在建造上采用了特殊的技术，如"油黄沟97号桥"。它所在的油黄沟布满泉眼，泉水涌出后汇入洋河。这条河道坡度大，多大石块和沙土，遇暴雨时水流速度和冲力极大，难以采用其他桥梁通用的"揣柱法"筑基。在施工过程中，只能先以人力水车排出地基里涌入的泉水，再垫入厚石片，并在此基础上立模，填入混凝土；此外，在修筑桥墩、桥台时，也在混凝土中夹垫片石，以增加其抗冲击力，并节省混凝土消耗。

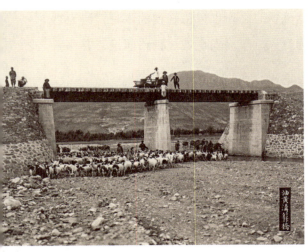

油黄沟97号桥　　　　　　　　　　　　响水堡东山沟104号桥

　　又如"响水堡东山沟104号桥"，从照片中可见，桥中间的桥墩下粗上细，中间还有一根横梁，西侧桥台筑有很宽的护坡，东侧却直接搭在山坡上。之所以有这样奇特的结构，是因为响水堡的这条山沟细长，路基有十几米高，雨季时山水下冲，汹涌澎湃。把桥墩

吊桥河 116 桥

张家口涵洞

七贤村涵洞

和西侧桥台筑在河底的基石上，以增强稳定性，把东侧桥台筑在山坡上，则可省去修建护坡的材料，只需在山坡下部灌满防腐的黑油即可。由于桥墩很高，所以在两个桥洞间架设了铁架洋灰撑梁。如今，桥下已通公路，两孔桥变成了单孔桥。

在《京张路工摄影》全本第 123 图《吊桥河 116 桥》中，可见对岸的宣化城，照片自西向东拍摄。册中另一张照片视角自北向南，全景展示了这座跨越百余米宽吊桥河 9 孔上承式钢板梁桥。由于宣化的冬季比北京寒冷得多，桥墩还特别做了防冻处理。与"金龙口 99 号桥"一样，在 1957 年新增建下行的二线桥，原吊河桥改为上行专用。

京张铁路线上的涵洞虽不在少数，推测是因涵洞多以过水之用，修筑方式差异不大，故收入《京张路工摄影》中的仅有正线的张家口涵洞和支线的七贤村涵洞。《张家口涵洞》照片中可见铁道路基较高，对比《七贤村涵洞》可见差异。这是由于此段区域土质沙化，下雨后，路堤土壤收紧回缩而使高度恢复正常。

隧道

铁路施工主要包含筑路、建站、架桥、开洞几项工程，其中以开洞最具挑战，如何减少山洞数量，缩短开凿长度，选择什么方式开洞，都对施工周期、经费等产生决定性的影响。京张铁路过了南口以后，海拔急速提升，进入关沟段。《京张铁路工程纪略》中记述"第二段由南口经关沟至岔道城长三十三里，现测自南口至八达岭高低相距一百八十丈，形势崔嵬，难安轨道，按照欧美铁路办法，必须开山凿洞，全路工程以此段为最难"。詹天佑勘测线路时，发现原穿行居庸关关城的方案弊大于利，于是决定改道绕行山谷，虽然线路迂回增加了距离，但保持了居庸关关城的完整，减缓了线路坡度变化。修改后的方案，需穿过关城东部的山脉，由此产生了京张铁路上的第一个隧道——居庸关山洞①，随后从南至北依次为五桂头山洞、石佛寺山洞、八达岭山洞，共4座，在《京张路工撮影》中，每座山洞均拍摄了南北两侧洞口，其中五桂头山洞北口及石佛寺山洞南、北口分别连接第 34 至 36 号桥，照片题名均以桥梁名称标注。

詹天佑在 1906 年先实施了五桂头和石佛寺山洞的开凿，以积累经验。五桂头山洞长 46 米，从《五桂头山洞南口》一眼可望至北端，路基旁立着几个写有"苏州码子"的标志牌，分别为洞口外 33 号桥标识，以及坡度和公里数标识。在山洞东侧山体上，有一方摩崖石

---

① 当时尚未有"隧道"一词，均以"山洞"称。

刻"五贵头弹琴峡",并有清同治三年（1864）"重修魁星阁碑记",再往北就是魁星阁和关帝庙遗址。穿过五桂头山洞,拐两个弯,就到了位于长城脚下的石佛寺山洞。山洞长度为141米,从《石佛寺山洞南口35号桥》中可见洞口与五桂头相同,拍摄镜头位于洞口西侧,记录了山洞南入口侧向、跨涧河的单孔石拱桥及东侧山脉上的长城。1939年的一场连下数日的大雨引发山洪,把关沟一带的线路摧毁殆尽,在之后复建中,自五桂头山洞向东侧山脉延伸,提升线路高度,依托山体,开弹琴峡山洞、新石佛寺山洞、观世音山洞,再经青龙桥村首新桥接回青龙桥车站,避免了多次跨河

桂头山洞南口

佛寺山洞南口 35 号桥

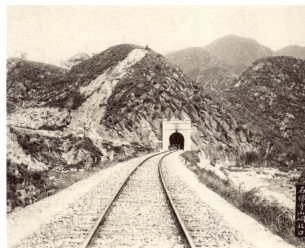

石佛寺山洞北口

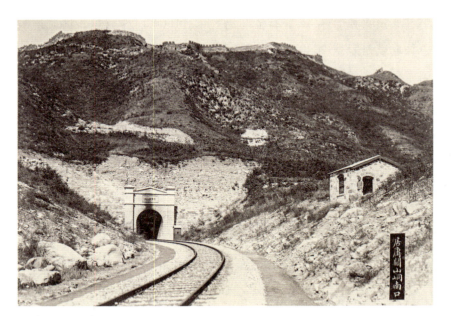

居庸关山洞南口

居庸关山洞北口

的危险，老五桂头山洞、石佛寺山洞随之废弃。

有了前面的经验，1907 年春天，詹天佑开始带领工人进行居庸关山洞的开凿作业。山洞长 367.6 米，原计划从中部开凿竖井下至洞身，以中间向两端、两端向中间同步开凿的方式进行，但因山势太高，山顶距洞身太远，只能采用两端开凿法。先由凿工在岩石上打出炮眼，再填充炸药爆破，运输工清走石碴，凿工再次凿洞，以此往复，工人昼夜轮流，速度很快。看居庸关山洞南北口的照片，洞口与延伸铁路的走势十分相似，南口铁路东侧建有道房，北口背后的山上有一段下延的残长城，因而山洞两侧的护坡就地取材，以长城基石垒成。照片拍摄时，线路已经通车，几个山洞口的名匾都有被机车煤烟熏黑的痕迹。

青龙桥"之"字形折返铁路的诞生，缩短了八达岭山洞的长度，施工难度也有所减轻，但这座长度为 1090.5 米的山洞，仍是一块难"啃"的"硬骨头"。因为地处长城脚下，山体坚硬，要打通厚厚的岩石层谈何容易。在詹天佑的苦心布局、精心规划下，山洞开凿以上方设置两口竖井、6 个作业面同时进行的方式，日夜不停工，最终如期贯通。在《八达岭山洞南口》照片中，笔直的铁道伸入洞口，与周围嶙峋的峭壁形成鲜明的对比。后面两张照片中的通风楼，即是施工时的竖井之一，当隧道完工后，井口被改为通风楼，火车在隧道中排出的煤烟由此口排出，2008 年此通风楼被拆除。另一口竖井在北侧地势相对平缓的位置，深度小于山洞中部的竖井，随着开凿工作的进行，两端贯通而消失。在《八达岭山洞北口》照片中，可见洞口上方并无山体，而是一片平坡，一侧还有标杆架，因此推断，第二个竖井的位置就在山洞北口后方不远。

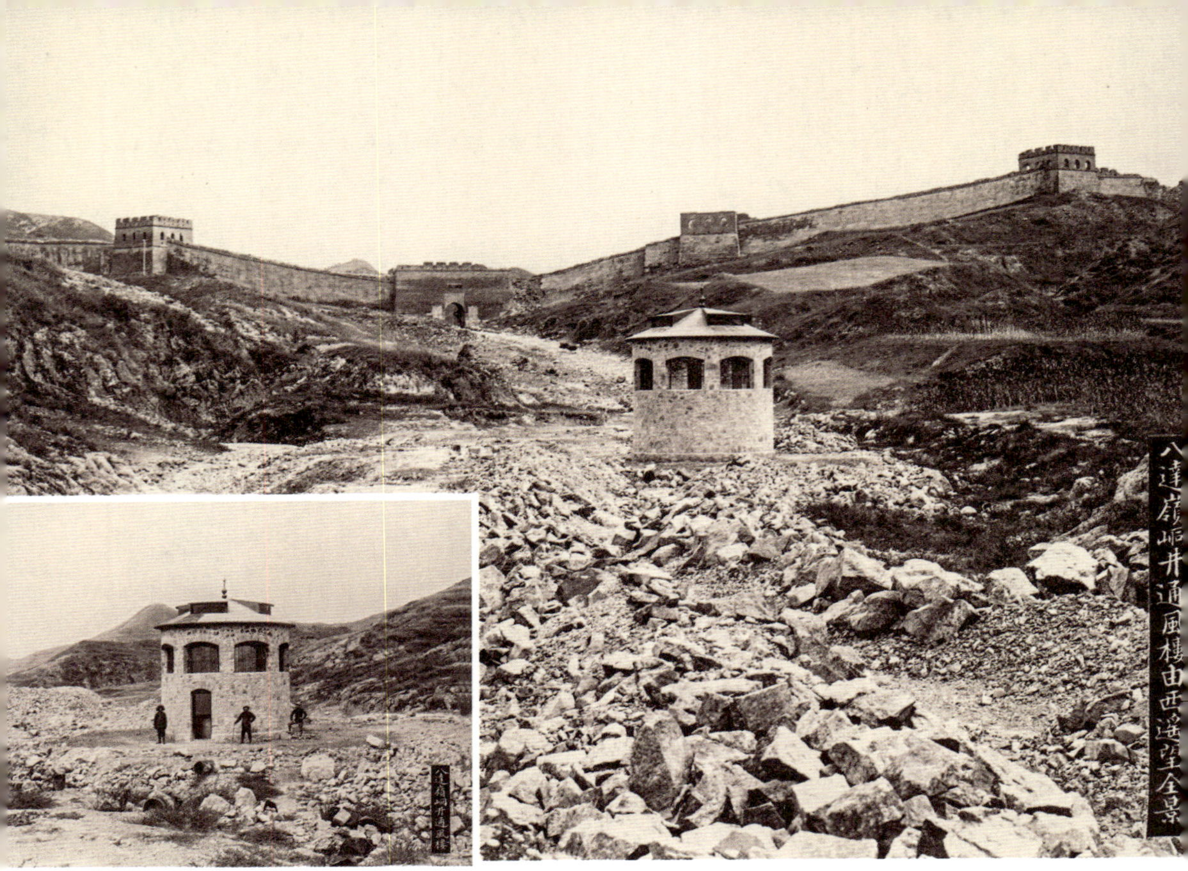

八达岭洞井通风楼

八达岭洞井通风楼由西遥望全景

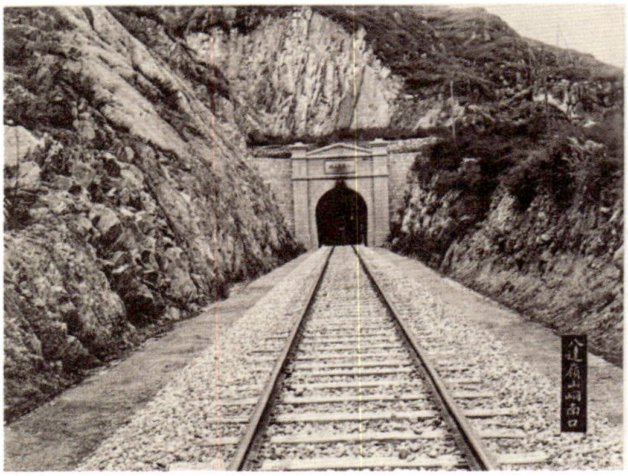

八达岭山洞南口

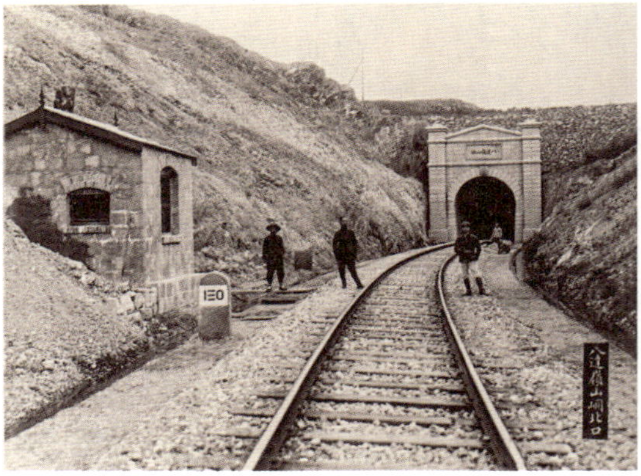

八达岭山洞北口

线路

200 公里京张铁路，车站、桥梁、隧道等如同项链上一颗颗"珍珠"，均依托基本轨道线路串联起来。枕木架钢轨，看似无差别的轨道，在摄影师的镜头下，以线路起终点、线路望景、难点工程、线路铺设等不同视角来展示。

京张铁路正线柳村起点，照片中可见线路左侧"京张铁路"的牌标，以示此处为京张铁路 0 公里起点；一侧，还立有一白色标牌，上书"放汽号"，为列车鸣笛提示；这段线路借用了关内外铁路，列车自此并入京张正线，至丰台站始发，照片右侧桥墩上有"60"字样，为关内外铁路 60 号桥标注。而京张线上另两个起点，则是为蒸汽机车用煤之需而开辟的支线起点。

詹天佑在 1905 年 6 月 24 日所作京张铁路报告和预算中提到，"在鸡鸣驿有很多当地开采的烟煤煤矿……关于此处可办煤矿一事提出报告……我们就不但能有廉价的煤供给机车使用，而且还可得到煤运收入"。开办鸡鸣山煤矿及煤矿支线的设立，使得京张铁路用煤不必从唐山开平煤矿购入，就地取用既便利又节省了运输费用，也为周边居民创造了工作机会。支线自下花园车站分支开往鸡鸣山煤矿，由于矿井海拔高，为减缓铁路坡度，设立了多处曲线及桥沟。从《鸡鸣山煤矿枝路与干路相接处》照片中可见，左侧停有列车的为京张正线，右侧高坡上的即是鸡鸣山煤矿支线。

在京门支线修建之前，门头沟的煤都是由骆驼队自京西古道运进北京城。1908 年，从西直门至门头沟的支线修筑完成，从此火车取代骆驼队为京城提供燃煤。《京门枝路起点》照片自北向南拍摄，左侧为京张铁路正线，右侧分支为京门支线，可见两道分离处立有"京门枝路"起点标牌，该处大致位于今人民医院西北角。

京张干路起点

从南口至八达岭的山沟，是太行山脉与燕山山脉的分界，因其包含下关（即南口）、居庸关、上关、八达岭、水关、岔道城等多处关口而被称为"关沟"。这一段铁路线沿谷傍山，跨越险阻，除了前述开洞架桥之难，在线路铺设中，以设计巧思攻克难点险段的亮点也不在少数。如《居庸上关由南望景》中，西侧是长城，东侧是山谷，铁路为弧线转向的爬坡

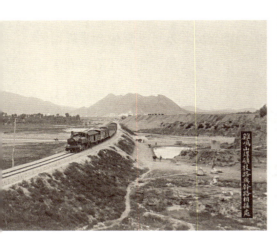

鸡鸣山煤矿枝路与干路相接处

居庸上关由南望景

门枝（支）路起点

段，每组钢轨下的枕木长短交错铺设，间距宽窄有别，轨缝架在宽枕木上，内外均有鱼尾板固定，以防止在爬坡过程中车轮的压力。在由西向东拍摄的《由小八达岭保险道岔遥望景》中，远景是盘架在巍峨群山上的长城及山脚下的石佛寺山洞，铁路在下坡之后以一个大弧度转弯驶入山洞，西南向引出一段长400多米的上行避险道岔，近景中有两位扳道工蹲在6号保险道岔处，以明示线路铺设状况。《青龙桥车站西上下火车同时开行由南望景》是对著名的"之"字形铁道的展现，民国时期交通银行发行的50元纸币就是以这张照片为底图。照片中两辆列车正同时驶出青龙桥车站，坡下的去往北京方向，坡上

由小八达岭保险道岔遥望景

143

青龙桥车站西上下火车同时开行由南望景

的驶往张家口方向，取景角度完美，可明显看出两道坡度的对比，既表现了这段铁路工程的艰险与巧妙，又体现出谭锦棠摄影水平的高超。

　　如果说，詹天佑在关沟段以凿山钻洞、越涧架桥的方式穿越天险，那么在下花园至辛庄子段则是以"劈山填河"铺就通途。前文介绍的金龙口99号桥及响水堡东山沟104号桥就在此段区间，詹天佑在京张铁路通车庆典的发言中也曾特别提到："困难程度仅次于关沟之工程，位于佛爷岭、蛇腰湾和老龙背，该处路线沿洋河而行，一侧为陡峻岩石山坡，一侧为洋河沙底，开挖山坡以垫河底，筑成路基。

该处路基用就地制成之大型混凝土块体铺砌以进行防护，有效地抵御河中洪水急流冲击。"这几处依山傍河的线路，均在路基下方铺设了水泥方砖，并砌筑护坡，以防止水势迅猛的洋河冲坏路基。在蛇腰湾段工程中，更是以黑火药炸开山体，将山石填入河道，再在河畔以水泥方砖筑基，在靠近山体一侧垒起防坠石的挡墙，工程量大且艰巨，故此处接连收入 3 张照片以展示护坡、炸山填河、挡墙的情形。

洞洋灰砖道坡　　　　　　　蛇腰湾西洋灰砖道坡　　　　　　　蛇腰湾西劈山填河并洋灰砖道坡

京张铁路筑路，多从沿线就地采集碴石，以实现开源节流、提高工效的两全。一方面，就地采集道碴，节省运输费用，且道碴提前铺在线路上，为之后的轨道架设节省了时间；另一方面，在搭建桥梁时，将碴石加到混凝土中，可减少水泥的用量，从而节约筑路经费。碴厂从正线分出岔道，辟出专用线，线路贯通后，碴厂也随之撤销。

蛇腰湾东洋灰砖河底并御石墙

老龙背开山并洋灰砖道坡

鸡鸣驿碴厂

西拨子车站碴场道岔

机车

《京张路工撮影》中收入京张铁路客货运机车照片共计 20 余张，这些照片在册中分别排于张家口车站及京门支线之后，以区分正线和支线所用车辆。由于南口车站车场较大，在南口车站货场东北，还有特为停放专列而建的花车房，所以在通车庆典前后，其中大部分车辆都集中于南口车站货场，以供摄影师拍摄。

蒸汽机车

京张铁路上的蒸汽机车，以整车进口为主，也有部分将进口零部件交由国内工厂组装制造，以制造商或设计者名称作为机车名。

排在第一位展示的车辆照片标注题名"马力机车"，应为"马莱（Mallet）机车"的不同译音，以发明者瑞士工程师阿纳托利·马莱（Alfred Mallet）的姓氏命名。在京张铁路关沟段修筑完成后，由于这个区间的线路坡度很大，普通的蒸汽机车牵引力太低，无法满足铁路运输需求。为寻找适合在关沟段行驶的机车，詹天佑多次写信给他的美国同学洛德（E.P.Lord）咨询，是否有能够牵引 10 台 30 吨重车在长距离、大坡度线路上行驶的蒸汽机车，最终选择了英国北英机车公司生产的"复胀式"蒸汽机车。这款机车两侧共设 4 个汽缸，2 大 2 小，锅炉输出的蒸汽经过高压汽缸，做功后再传至低压汽缸，两次膨胀利用的蒸汽得以充分发挥热能；此外，每个汽缸都连接一组动轮，两组动轮之间采用非固定连接，减小了机车的固定轮距，适合在小曲线半径的山区铁路行驶。这是当时世界上最新型的机车类型，共购入 4 台，编号为 21—24 号，从照片中可见，在驾驶室侧窗下方标有编号"23"，并嵌有一菱形出厂铭牌。在此之后，至 1921 年，京张铁路先后 4 次购入马莱型蒸汽机车，除第一批的 4 台是英国生产，后 3 个批次型号均来自美国。新中国成立之后，将这 4 款机车依次定名为 ML1、ML2、ML3、ML4 型蒸汽机车。

马力机车

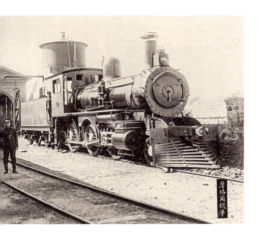

格尔机车

京张铁路一共有 10 台摩格尔（Mogul）机车，其中 9 台是从英国 N.B.L.G 工厂进口零部件，由唐山机车厂组装的，车号为 5—13 号；另一台编号为 33 号的机车，由美国鲍尔温机车工厂制造。在《京张路工撮影》中，经常可以看到摩格尔机车的身影，其中最著名的是作为通车庆典专列的 10 号"摩格尔机车"。一张近景"特写"中，它与司机正在西直门机车房外等待出发。在两幅《南口茶会专车》照片中，一张自西向东拍摄了正在转线的机车，另一张则从东向西拍摄，车头插着两面龙旗的摩格尔机车已驶入南口车站，士兵及欢迎人群聚集在站房西侧的庆典牌坊下迎接专列，车尾处的

口茶会专车（1）

南口茶会专车（2）

南口机车房也清晰可见。

欧节机车的照片摄于下花园车站，在机车汽缸上挂有美国制造商罗杰斯（ROGERS）工厂的铭牌，机车名称就取 ROGERS 的译音。京张铁路的 3 台欧节机车，不仅在正线行驶，也曾用于鸡鸣山煤矿支线。

京张铁路共有 2 台播得威机车，主要用于短线行驶。在《京张路工撮影》中，这两台机车均有出现，其中 32 号车拍摄于京门支线门头沟车站，车身上印着大大的"P.M.B.L."，是机车制造者美国鲍

欧节机车

播得威机车

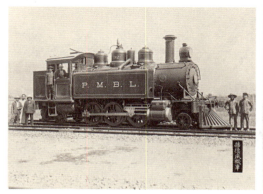

播德威机车

北英机车

尔温机车工厂（Baldwin Locomotive Works U.S.A. Philadelphia）的名称缩写，机车名也为工厂名称音译。不过一张照片写成"播得威"，另一张写成"播德威"。

北英机车也主要用于短线行驶，与摩格尔机车一样，为英国北英公司（N.B.L.C.）制造。在京张铁路上有 2 台，用于京门支线调车运转。

客车

京张铁路上的客车主要分为三等，另有专为庆典准备的花车和

等花车

張垣觀成專車

张垣观成专车

包车。

京张铁路头等花车于 1909 年 3 月制造，首先
用于接送参加通车庆典的中外嘉宾。花车车体为
木质，底部装有支撑钢筋，车顶两侧镶嵌有青龙戏
珠图案，车窗装有遮阳的百叶窗，车体中部印有
"P.K.R. 京张铁路"字样。头等花车除在南口车站
货场留下正向照片，在《张垣观成专车》照中，可
见以头等花车引领的专列停在张家口站房前线道
上，在花车前方设有端门和两扇观景窗。

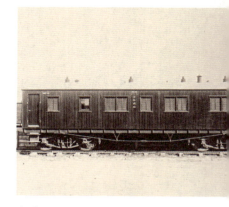

包车

等客座车厢（1）

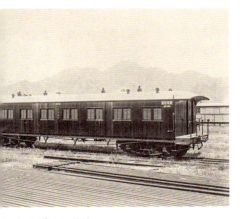

等客座车厢（2）

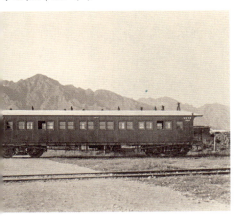

等客座车厢

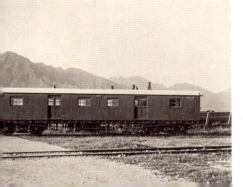

三等客座车厢

　　包车长度稍短于花车，取消了装饰车顶，从车窗看，车内的卧席和座席数量与排列也和花车不同。车厢中部"P.K.R. 京张铁路"上方印有苏州码子与阿拉伯数字"39"，前后侧门旁印有"PRIVATE CAR"。

　　头等客座，顾名思义，为普通列车中最高等级，影集中收入一正一侧两张照片。车厢单面设有 8 组 16 扇带有百叶窗的车窗，首尾均挂有"头等客座 FIRST CLASS"的牌子，车厢中部的数字编号为"43"；车厢两端除端门外，还有一扇挂着"W.C."铜牌的厕所门，因设有阳棚及走廊而无观景窗；在走廊外栏处有连接车厢的车钩并配有缓冲器。

　　二等客座外观与头等客座车厢相近，只是多了两个单扇车窗，每扇车窗由通体变为上下两块玻璃，且不再配备百叶窗。

　　三等客座车厢一眼看上去，最大的不同在于车门从两端移向了车厢中部，仍然是两道门，但是宽大了许多，且没有配备登车梯；车窗数量减少到单面4扇，为横拉式十字框玻璃窗；车内座席为长条木凳。

货车

京张铁路上的货车根据不同用途，有铁棚车、马车、货车、碴车、平车、猪车、守车、煤车、水柜车、敞车等多种类型。

铁棚车通常接挂在客车上，作为行李车使用，车厢中间开通门，车门宽大，以便装卸货物。车体侧面以中英文标注了"京张铁路""行李车"字样，并有用苏州码子和阿拉伯数字标示的车号。

货车为木板制敞篷车，以铁铆钉纵向固定，为卸车方便，车门向下侧开。车身上除京张铁路标识外，还以中英文标注了车体自重和载重量。

碴车也是铁制敞篷车，因其运送的是沉重的碴石料，所以车帮很低。在《西拨子车站碴场道岔》和《鸡鸣驿碴厂》两张照片中都可以见到它的身影。

平车用于运送体积或者重量较大的物品，它与碴车因承重需要，车体均采用了英国戴泽尔钢铁公司制造的钢材。

守车的车身很短，只有两组轴轮，通常接挂在列车前部，用于观察行车状况、看守货物。车门为外挂推拉式，两端设有走廊便于瞭望。

马车的车体与货车相似，也是以铆钉固定的木板车，用于运送马匹等牲畜，木板壁上方加装了围栏，车门为推拉门，两侧对通。

猪车用于运送家畜，为封闭式木栅板车体，推拉门有外挂锁扣，车体短小，仅用两轴。

煤车专供京门支线运煤使用，为铁皮敞篷车，单侧两扇向下平开门，车身印有"P.M.B.L.京门支路"字样，并以苏州码子标注车体自重和载重量。

铁棚车

碴车

货车

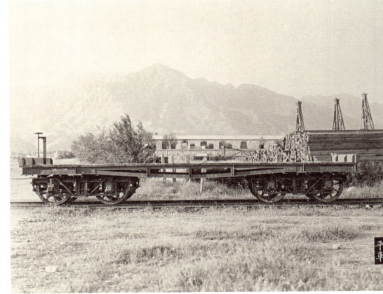

平车

猪车

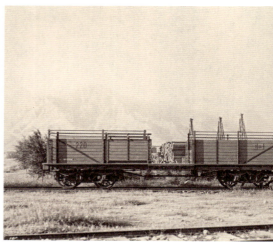

马车

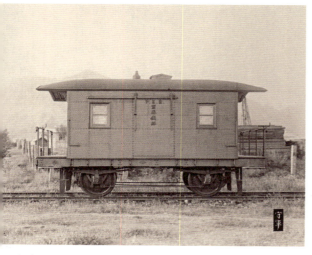

守车

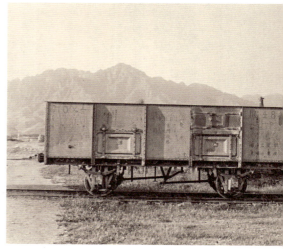

煤车

通车庆典

京张铁路于 1909 年夏末竣工，9 月 19 日，时任邮传部尚书徐世昌在詹天佑、关冕钧等人的陪同下，乘火车前往张家口巡视验收。两天后抵达张家口时，受到察哈尔都统苟贝子的迎接。在都护府举行的庆祝京张铁路验收通车茶会上，徐世昌对京张工程予以盛赞，称这条"中国筹款自造"的铁路"全路险且巨之大工"，建成后"非徒增长吾工程司莫大之名誉，而后之从事工程者亦深得以益坚其自信力，而勇于图成"，预言"他日中外游客历数此邦之巨工，会将京张铁路与万里长城并称为吾国大建筑之一事乎"；并对詹天佑、关冕钧等人的付出给予充分肯定，称"今总办詹道邃于工程之学，阅历多年，精思独运；今会办关道任事以来，栉风沐雨，不避劳苦；同能和衷共济，措置咸宜，至为可嘉"。

9 月 24 日，张家口车站举行通车庆典，相关官员、技术人员和各界民众数千人参加。《京张路工摄影》中的一组照片以"张垣观成"为名记录了这次盛典，从中可见张家口车站站房搭上了装饰花架，铁道旁站支起了"农商欢迎"的条幅，线路上停着验道专车，偌大的站前线道上人头攒动，热闹非凡。另几张"观成行辕"照片拍摄了部堂验收官员和宾客休息室的情况，大门外的花架上挂有"中外胜欢"的牌匾，并挑起两面龙旗，两旁的立柱装饰有盘龙，院子中间摆放了花坛，周围搭建环形遮阳通道。

1909 年 10 月 2 日，南口车站也热闹起来，由摩格尔 10 号机车

张垣观成商界欢迎

张家口车站观成

张垣观成

垣观成商界欢迎

部堂张垣观成行辕 (1)

堂张垣观成行辕 (2)

三堂验收路工张垣行辕

南口茶会彩棚（1）

京张铁路通
车记念牌楼

南口茶会

南口茶会彩棚
东辕门

南口茶会彩棚内演说台

牵引的专列，从西直门车站发车抵达南口车站，各界人士 1 万余人
在这里参加了京张铁路通车庆典，其中既有官员、士兵，又有工人、
百姓，还有不少外国人，可谓是一场国际盛会。从《京张路工撮影》
中两张南口茶会的外场照片可见，在车站的西侧，立起了三门四柱
的纪念牌坊，上面挂有"京张铁路通车记念"字样的匾额，两侧是
巨大的龙旗。在牌坊西侧，是在南口站房基础上搭建的"南口车站
茶会彩棚"，门前支起廊道遮阳，房顶围起布幔装饰，这里是举行通
车剪彩仪式的地方。再往西，还有一座彩棚，在《京张路工撮影》
中的题名为"南口茶会彩棚"，这里是欢宴宾朋的地方，四张照片全
方位展示了彩棚内外的情况：屋外布幔遮覆，垂穗飘扬，顶上有几

口车站茶会彩棚

口茶会彩棚（2）

口茶会彩棚（3）

南口茶会彩棚内容

个硕大的中国结图案；檐下斜挑几杆龙旗，窗户上贴着剪纸窗花，甚至连窗框都做了装饰；屋里彩缎缠绕，外围挂有多国国旗，在窗户的隔处，挂有一个个相框，逆光可见其中人像皆着官服，应是京张铁路工程局的官员；屋子正中的一排排长桌上铺以洁白的桌布，摆有茶杯及餐具；另一侧的演说台上方挂有邮传部尚书徐世昌及两位侍郎汪大燮和沈云沛的肖像。徐世昌首先登台，向来宾介绍了京张铁路的总体建设及运营。随后，詹天佑以中英文致辞，对全线修筑情况做了说明，向世界宣告"中国已经开始由中国工程师自己筑路了，并且已经建成了第一条全由中国人自力修筑的铁路。中国确实进步迟缓，但虽迟缓，却是确实地前进了"①。

① 詹天佑科学技术发展基金会、詹天佑纪念馆编：《詹天佑文集》，北京：中国铁道出版社，2006 年。

第四节
《京张路工撮影》的价值

　　随着时代的变迁，铁路工程技术飞速发展，铁路建设日新月异。经历了天灾、战争，线路调整、扩建，京张铁路旧线的痕迹已然淡化甚至消失。所幸有这套《京张路工撮影》，以一帧帧影像为世人呈现那段历史，让我们永远铭记百年前的艰辛与辉煌。它在路工建设、机车制造等方面都有重要的文献价值，在摄影史、中国近代史等方面也具有重要的史料价值。2002 年，《京张路工撮影》作为 48 件珍贵档案文献之一入选"中国档案文献遗产工程"，并被载入首批《中国档案文献遗产名录》。

第四章

百年铁路今昔——重走京张路

京张铁路的成功修建，无疑在中国铁路史上留下了光辉的一页。然而，与许多历史文化遗产一样，京张铁路也在遭遇"知者众，而了解者寡"的尴尬。凭借《京张路工撮影》这套珍贵的摄影集，我们决定循着詹公的足迹，查找册中照片的拍摄坐标，以现时的影像印证百年间的变迁。

如同当年詹天佑筹划京张铁路施工蓝图，我们也从查找资料、确定拍摄点位、规划线路开始，利用休息日的零散时间，重走百年京张路，用我们自己的方式，致敬历史。如今，京张高铁已投入运营，北京冬奥会和冬残奥会成功举办，回顾我们踏查的片断，以作纪念。

第一节
京张铁路工程局和京张铁路总局

　　《京张路工撮影》中有两张京张铁路工程局的照片，一张是院落外观，一张是内部客厅。在踏查之前，我们查到的信息是京张铁路工程局大致在冰洁胡同和鞍匠胡同一带。冰洁胡同以前是储存冰的地方；鞍匠胡同在清代称鞍匠营，当时阜成门至西直门内属于正红旗驻地，设有制造马鞍的鞍匠营和制造弓箭的弓匠营。对应现在的位置，大概在阜成门北顺城街和西直门南小街之间。

　　但当我们找到这里时，却不禁茫然，面前是一片高楼，西面是国投大厦和西派国际公寓，东面是高档社区。冰洁胡同在哪里？铁路工程局的旧址又在哪儿？左手的西弓匠胡同南面还存有一排老平房，右手边是洋溢着现代气息的大厦，我们走在其间，恍惚时空穿梭。我们拿着照片比对着猜测着，一回头，看到两位遛早儿的大妈，估计是这里的老住户了。上前打听，说是胡同都拆光了。这么重要的历史就这样消失了吗？远远地，看到大树下坐着位老先生，又过

京张铁路工程局旧影

京张铁路工程局客厅旧影

去询问。老人说，应该还有胡同的牌子在，让我们绕到后面去看看，也可去居委会问问……过了国投大厦向北，在梅兰芳大剧院东南，就是官园社区居委会。我们很幸运，平时居委会周末是休息的，因为西城区要进行先进社区评比，所以这周他们都在加班呢！居委会的程主任很热情，告诉我们冰洁胡同原来确实有个京张铁路局，2003 年前后，这一片儿胡同全拆了，盖起现在这些高楼大厦……

出了居委会，我们回到拆得只剩下半边儿的西弓匠胡同，路北的国投大厦边上有几棵老槐树，是否就是工程局照片中的那几棵小树呢？走近一看，发现上面挂着一红一蓝两个牌子，蓝色上面是手写的"树名：国槐　科属：豆科槐属　编号：A01640　负责人：张秀英"，看样子有年头儿了；而红色牌子明显是统一制作的"古树（一级）编号：11010200902　豆科：国槐　北京市园林绿化局 2007 年制"。

国投大厦前的老槐树　　　　　　　　　（摄于 2010 年 7 月 17 日）

看它的编号，如同我们的身份证号，在园林局都有它们的身份备案。这个城市的记忆，随着老房子的倒下、新楼的崛起而慢慢消失了，好在现在有人在保护这些古树，这里屹立百年的树，见证了其间的历史变迁，如果它会说话，应该可以给我们讲讲京张铁路，讲讲詹天佑的故事吧……

之后，我们通过查对《北京街道胡同地图集》《实测北平市内外城地形图》等资料，确认冰洁胡同原名为冰窖胡同，鞍匠营先后用名鞍匠营胡同、鞍匠胡同，弓匠营在民国年间被拆分为东弓匠营、西弓匠营、小弓匠营三条胡同。从 1908 年《最新北京内外首善全图》中可见"安匠营"南侧为"弓箭营"，北侧为"冰窖胡同"。

然而，之后很久才发现我们混淆了"京张铁路工程局"和"京张铁路总局"两个机构。《京张路工撮影》中收入的"京张铁路工程局"主要负责京张全线工程的建设、物资调配等具体事宜，在詹天佑 1905 年 7 月的日记中，曾有他请测工在平则门（今阜成门）外帮忙物色家眷及工程局用房的记录，最终选定的工程局地址位于阜成门外陈家大院[①]。而我们踏查所到之处，是负责铁路运营管理的"京张铁路总局"，为 1907 年詹天佑升任京张铁路局总办后，为简化办事层次和开支，便于指挥，将原设在天津的京张铁路总局与北京的分局合并，地点设于阜成门内冰窖胡同。在 1919 年《新测北京内外城全图》中，"鞍匠营"北侧有"京张铁路总局"的标注。在收入《京张路工撮影》的《阜成门过车道口栅门》照片中可见铁路道口西北

---

① 经盛鸿、经姗姗：《詹天佑：从南海幼童到中国铁路之父》，广州：广东人民出版社，2018 年。

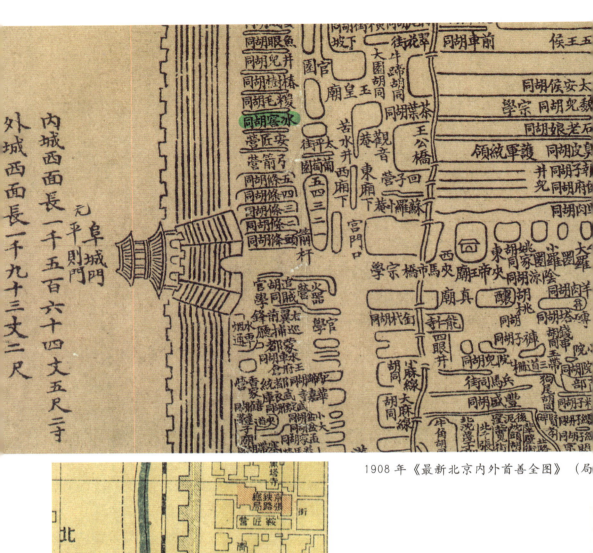

1908年《最新北京内外首善全图》（局

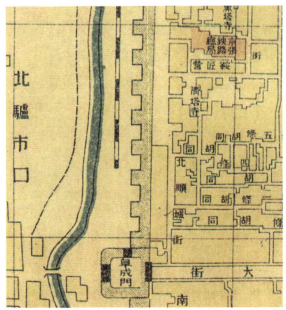

1919年《新测北京内外城全图》（局部）

角有一平房,为阜成门乘降所,京张铁路工程局人员经常由此上下车。这个位置大致在现外交学院展览路校区,之前我曾困惑,从工程局(指阜成门内冰洁胡同)到乘降所有近两公里的距离,有些远呢!现在,自然不再存疑。1909 年京张铁路全线通车后,京张铁路工程局迁至张家口,阜成门乘降所也随之取消。

阜成门过车道口栅门旧影

第二节
京张铁路干线

农服道口和西便门天桥

　　京张铁路西便门天桥是中国最早修建的铁路跨铁路立交桥，应该位于现在的白云桥一带。由于开车无法在白云桥下停留，我只能从白云桥下左拐向南，驶上手帕口北街，这条街正是原来的京张铁路广安门至西直门线段，沿此路南行就是广安门车站。虽然 2009 年10 月，广安门车站及其库房、集装箱场地等都陆续拆除，我们仍然想去看看现在的样子。车行不到两分钟，就到了手帕口铁路道口。这个道口正式的名称应该是"农服道口"，但百姓习惯按这里的地名"手帕口"来称呼。1919 年，京张京汉联络线建成，南北走向的京张铁路与东西走向的京汉铁路在这里交会。1996 年，北京西站建成启用，京九铁路通车，这里从单一的专线道口变为复线道口，每天上百趟列车经过，无疑给道口的交通带来很大的安全隐患。1996 年底，

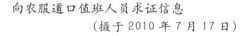

向农服道口值班人员求证信息　　　　在农服道口等待的车辆和行人
（摄于 2010 年 7 月 17 日）　　　　　（摄于 2010 年 7 月 17 日）

铁道部农服道口改建方案立项，直至 2018 年，历时 20 年的道口"平改立"工程才告完成。2022 年 1 月，我再次来到这里，机动车从全封闭"拉槽段"通行，非机动车通过两侧的专用道绕行，行人走"工"字形地下通道。原来铁路道口东侧建起二层小楼，是西城环卫第四分公司作业九班的所在地，旧时的痕迹尚依稀可见。

2010 年 7 月，我们初次到达农服道口的时间是周六上午 9∶20，正处在机动车禁止通行的时段，便把车停在路边，改为步行。铁路道口人来人往，我们决定直接去守护道口的值班室看看能不能得到些帮助。值班室门口的几位护道工，听说我们要找 100 年前老照片上的景物，觉得很新奇，但看过照片后，却都摇头说不知道是哪里。此时刚好有辆火车经过，我们站在道口，与被护栏阻停的自行车和行人一起等待。火车开过，抬杆放行，没想到值班室一位高个子师傅追了出来，确认我们推断得正确，西便门天桥就在现在白云桥的位置，桥下是东西走向的京汉铁路，当时有一班从前门西至西便门的区间车走的就是京汉线。并且说起铁路西边黄色塔楼里住着一位叫李德才的老人，是这里的老住户，知道很多相关情况。但是老人家里刚有些变故，暂时不便打扰。

此时已近正午，天气越来越闷热，我们决定放弃探寻已经拆除的广安门车站，先回白云桥。照片《西便门5号天桥》的远景中依稀可以看到一线牌楼，应该是白云观，那么，这张照片的角度就应

手帕口北街新修下行过铁路隧道
（摄于 2022 年 1 月 16 日）

手帕口北街机动车与非机动车分行
（摄于 2022 年 1 月 16

农服道口旧址　　（摄于 2022 年 1 月 16 日）

手帕口北街行人过铁路通道
（摄于 2022 年 1 月 16

便门 5 号天桥旧影

该是现在的白云路西侧！走过去，找到大概的方位，但当时的拍摄视角是在铁路桥上，我们站在路边根本无法取景。怎么办？抬头看看，边上是一幢 6 层的居民楼，6 层的一户开着窗，家里应该有人，我们决定去碰碰运气。爬上 6 层，敲门之后应声的是一个小伙子，他很爽快地答应了我们的请求。进屋直奔东阳台，无奈周边的建筑物太多，在 6 层也只能勉强拍到白云观的屋顶，视线仍然不理想。

无奈，只能回到白云桥下，复位"西便门 5 号天桥"。原照拍摄者所处的位置在桥东侧，京汉铁路南端，南北走向的京张铁路与之垂直交会。西便门天桥随着 1969 年京张铁路广安门至西直门区段的拆除而消失，京汉铁路旧线现在是车流不息的莲花池东路，只能在白云桥东南角按下快门，记录今日之景。

西便门天桥旧影

在6层阳台拍摄的京张铁路旧线，现为白云路
（摄于2010年7月17日）

原京张—京汉铁路交会处，自白云桥东南向西
（摄于2010年7月17日）

原京张—京汉铁路交会处，自白云桥东北向西北
（摄于2022年1月1

西直门车站

西直门车站即现在的北京北站，位于北京旧城西直门城楼西侧，东临护城河，西靠高粱河，北边是芦苇塘。作为京张铁路重要的大站，这个选址并不理想，因为要避让光绪皇帝和慈禧太后去颐和园途中的行宫倚虹堂，不破坏风水，詹天佑综合考虑权衡之后，将原来规划中北行的线路拐向东北方向。为满足车站建设的基本需求，填平了西直门城楼西北的芦苇塘，使高粱桥以东的长河北折，新挖了"几"字形河道，使长河水环绕西直门站再回流到护城河。

西直门车站是京张铁路在北京城内唯一的一等车站，车站主体建筑、月台、连接两个月台的跨铁路天桥均为詹天佑设计。京张铁路建设时期，英国的钢铁产量位居世界第二，京张铁路所使用的钢材全部由英国进口，西直门车站中的跨铁路天桥同样也采用了苏格兰兰开夏钢铁公司和格林盖诺克钢铁公司生产的工字钢和戴泽尔钢铁公司生产的角钢。

在京张铁路修建之初，该站被称作"京张铁路西直门车站"。1923年，京张铁路通车至绥远，改称"京绥铁路西直门车站"。1928年，北京改称北平，车站名也随着铁路名称的变化改为"平绥铁路西直门车站"。新中国成立后改为"西直门车站"，但站房上的牌匾仍保留旧称。1988年，永定门站更名为北京南站、东郊站更名为北京东站，位于北京西北的西直门站也改称北京北站。2005年，北京北站进行改造施工，2009年1月17日新站正式启用，但作为文物保存的老站建筑仍在修缮中。

2010 年夏天，一个周六的清晨，我们一行 4 人在北京北站聚齐，准备乘坐 9:33 发车的 Y567 次动车前往八达岭。我们早到了一小时，打算利用这段时间，进站拍摄老候车楼。但被告知要提前与北京北站宣传科联系确认才行，我们只能隔着检票口玻璃，远远望着东北角的老房子，无奈地守在队伍的最前面等待检票。时间一分分过去，入站闸门分秒不差地打开，旅客们匆匆进站匆匆上车，我们却一路小跑奔向老站台。从 Y567 的车尾跑到车头，走过一座老天桥才能到达对面的老站台。这座铁质天桥是詹天佑设计的，采用了英国优质钢材，一百年过去，依然坚固如初。我踏上铁桥的一刻，抬了抬头，看到的是白色钢架天棚，忽然感到这么现代的设计元素与这老桥、老站台、老候车室是多么的不协调。时间所限，只能匆匆上车，择日再来。

2011 年 9 月，我们第二次去探访西直门车站。工作人员带我们参观了老站房、车辆检修所用的沉井及梯架。以蓝色的施工隔板为界，东侧是即将修缮完毕的老建筑，站房南侧券廊上是"西直门车站"几个金色大字，东侧老候车楼上"平绥铁路西直门车站"已改为"京绥铁路西直门站"；西侧站区在气势磅礴的高架棚遮蔽下，有焕然一新的站台、仿旧式的雨棚，还有原貌保存的跨铁路天桥。通过两次实地考察，可以确定当年摄影师是以西直门为起点，从南至北依次拍的照片。现在，西直门车站的老站房、雨棚、天桥都已被作为文物保护起来，并且粉饰一新。但是《京张路工撮影》中的照片与踏查所见对比，我们仍有疑惑未解：初期的西直门车站站房仅有一层，为什么现在看到的却是二层建筑？詹天佑设计的铁质天桥为什么在照片中没有出现？几年后，我们才得到答案：1916 年北京环城铁路通车后，西直门车站为满足运输需求而进行了改扩建，在线路东侧修建了现在我们看到的二层站房，《京张路工撮影》中的西直门车站站房原址改为铁路线。铁路学者王嵬在所著《我的京张铁路——开通首段》中提到："今日的老站房及雨棚、天桥并非 1906 年所建，也就是说通车初期的老站房、站台早已在 1916 年后的扩建中荡然无存了。"①

北京北站新天棚与西直门车站老天桥
（摄于 2010 年 9 月 11 日）

从老天桥上俯瞰西直门站老站房
（摄于 2010 年 9 月 11 日）

北京北站即将发往八达岭的动车
（摄于 2010 年 9 月 11 日）

即将完成修缮的西直门车站老站房
（摄于 2011 年 9 月 29 日）

---

① 王嵬：《我的京张铁路——开通首段》，北京：中国铁道出版社，2017 年。

北京北站东北侧线路，西侧高架桥为地铁 13 号线　　　　　　　（摄于 2011 年 9 月 2

北京北站机车维修架台　　　（摄于 2011 年 9 月 29 日）

清华园车站

在京张铁路勘测初期，詹天佑曾规划在"大石桥、城府"附近设立一个小站，但最终并未实施，所以在《京张路工摄影》中，并没有清华园车站。通车初期的京张铁路，列车自西直门直抵清河。1910 年底，为提高铁路运输效率增设清华园车站，詹天佑亲自题写了站名。"清华园"本是明神宗万历皇帝外祖父武清侯李伟在海淀修建的私家园林之名，位置在现在北京大学西侧，康熙皇帝在其旧址上建畅春园。后康熙赐皇三子胤祉的熙春园（位于现清华大学校园内）在道光年间被分为东、西二园，东园取用了武清侯私园的旧名"清华园"。

1910 年 11 月，几乎与京张铁路清华园车站设立同时，游美学务处向外务部、学部提出将游美肄业馆改名方案，称"查该馆地基原系赏用清华赐园旧址，文宗显皇帝御书匾额现仍恭悬园内，拟请仍沿旧称，定名为清华学堂，以崇先朝手泽之贻，即彰朝廷右文之盛"。经学部批准，1911 年，以美国退还的部分庚子赔款为经费，在京张铁路清华园车站的西北建起了一幢灰色校舍"清华学堂"，这便是清华大学的前身。

清华园车站初建于现在的成府路三才堂附近，铁路顺清华大学东侧向西北延伸，基本为直线的走势。1954 年，清华大学在校园规划中提出建设主楼，确定了学校在战略上向东发展的远景规划。由于校园东侧京张铁路的噪声、振动等干扰会影

学堂
于 2020 年 3 月 17 日)

响教学和精密仪器的使用，铁路两侧30米以内区域无法建造实验室等设施；且铁路穿越校区，既不安全，也有碍新旧校区的联系。1954年底，学校向高教部函请铁路迁移，后经过学校及蒋南翔校长多次与高教部、铁道部、北京市规划委员会等相关部门的艰难磋商，1957年10月，高教部终于同意将校区的铁路"向东迁移至距八大学院约200公尺地段"。于是，京张铁路从清华园站向东拐了一个弧线，移动了800米，原来的清华园车站也因此废弃。1960年，清华园车站新站房落成。1999年1月星球地图出版社出版了《北京市交通旅游图》，其中京张铁路从清华园车站向西北分出一支线，延至清华南门的位置上。很显然，这是原来铁路东移后残存下来的旧线轨道。但为什么之前的地图上都没有标注，却在铁路东移40年后出现在交通旅游图上呢？这一年，正是京张铁路通车90周年，难道是因此唤起了人们对这条中国人自主设计修筑的铁路的记忆吗？2008年，北京市郊铁路S2线通车，车站增建了候车室，站台改造为高站台。8年之后的2016年10月31日，清华园车站停办客运业务并撤销。

2019年12月30日，京张高铁开通运行，列车从北京北站出站后，由地上钻入地下，京张铁路从学院南路到北五环约6公里地面路段停用。2021年2月3日，偶然路过北四环以北地铁13号线东侧，看到有小段停用的铁轨、散落的枕木，道边有京张铁路历史的介绍，还有一些供行人休息的长凳。原来，这里是尚在雏形中的京张铁路遗址公园。2021年12月底，这一项目将正式开工建设，实施范围为清华东路至知春路，全长2.4公里，计划于2022年10月底竣工。

正雏形中的京张铁路遗址公园 　　　　　　　　　　　　　　（摄于 2021 年 2 月 3 日）

2021 年 12 月 18 日，我出了五道口地铁站，本想顺着遗址公园去找找 20 世纪 60 年代的清华园车站旧址，但道口被围挡拦住了。"还是去看最初的老站吧"，这么想着，便往西行，沿着成府路，通过中关村东路十字路口，再往前不远就到了三才堂路，左手的红砖楼上挂着"清华园铁路宿舍 4（号楼）"的标牌。顺着铁路宿舍楼的东侧窄巷，在 2 号楼和 1 号楼之间，当那座历经风霜的建筑赫然出现在眼前时，我愣了两秒，有些心酸。之前看过王嵬于 2004 年拍摄的清华园站房，17 年过去，安心于它还在，伤心于它没变更好，除了东墙上多了两块"保护牌"。

最初的清华园车站，与广安门车站一样有 5 间门房，现仅存南面 3 间。南侧墙面有詹天佑题写的白底黑字竖匾"清华园车站"，第三间门房上挂有石匾的女儿墙，是那么熟悉，曾经京张铁路上每座车站都有一块这样的名匾，但一个个都消失了，这是唯一的幸存。石匾上"清华园车站 CHINGHUAYUAN 宣统二年冬季 詹天佑书"依稀可辨，北侧拆除后的断面一片斑驳，上方甚至是以三合板拼凑遮挡。整座房子的外墙上裸露着电线和管路，一个个形制不同的门窗，小木框、铁框、铝合金、塑钢、铁皮……就像旧衣上的补丁，是这里不同时期居住者留下的印迹。从墙上的牌子可知，这里在 2012 年 1 月被列入"北京市海淀区文物普查登记项目"，还有北京市文物局公示的安全责任人。我拍照时刚好有人从里面走出来，上前打听后得知此房目前还是出租屋。果然，一侧的房门边挂有小小的提示牌，标着"允许居住 2 人 现居住 2 人"的字样。

离开前，我回头看了一眼在楼房夹缝中的老站，希望再见时，能够不同。

京张铁路清华园车站遗址

（摄于 2021 年 12 月 18 日）

清华园车站文物普查牌匾　　　被用作出租屋的清华园车站　　　（摄于 2021 年 12 月 18
（摄于 2021 年 12 月 18 日）

从八达岭到青龙桥

　　八达岭是军都山的重要关口、居庸关的前哨，岔道城则是重要的军事驿站。古有"居庸之险，不在关城，而在八达岭"之说，可想而知，京张铁路这一区段修筑之难。工程之初，西方人就断言中国人没有在此凿通山洞的能力，却没想到詹天佑在青龙桥设计出"之"字形折返线，降低了施工难度，缩短了隧道长度，最终以国人之力，成功开凿了千米长的八达岭隧道。

　　我们在 2010 年夏日一个周末的清晨，从北京北站乘 Y567 次动车去八达岭。只有座席的动车，早已坐满，有很多人都站在车厢中，好在路程不远，车跑得很快。当周围一片惊叫声响起时，我正向车外望着，啊，是居庸关！延绵的壮丽、无以言表的气势，即便只是匆匆掠过，即便是早已熟悉的景象，心中的小激动仍然持续了许久……

列车准时到达八达岭站，原本我们天真地以为，下车就可以沿着铁路走向八达岭山洞，但站里并不允许停留，只能随着人流迅速出站。我们随即改变方案，先去了离车站不远的詹天佑纪念馆。同事的老同学在这里工作，当他了解到我们的任务后，手绘了去往八达岭山洞的线路图，并且带我们参观了展览。或许是因为临近中午，展馆内并没有其他参观者，我们独享专场！从瞻仰厅、序幕厅到陈列厅，展示了詹天佑从求学、投身铁路建设到抗清护路、拥护辛亥革命的历程。在"人"字铁路模型前，看着鸣着汽笛的小火车驶来驶去，可以很容易弄清楚这个伟大工程的原理。

从纪念馆出来，我们决定先去岔道城，寻找城西和城南的两座桥。在八达岭站西边不远的道口有护道员值守，看过我们的照片说，这个桥洞因为修路已经堵上了，但还可以看到。我们道谢后转身离去，听到他和身边的人在议论"这照片可有年头儿了"，很想回头跟他说一句："那可不，一百年了！"护道员的信息，让我们有了精神，顶着大太阳，沿着盘山路，排成一字线，前进！在一座小石桥旁，我们发现桥边铁路护坡下有一个桥洞，是这里吗？左看右看，上看下看，确定是原来的桥洞，但新修的公路垫高了路基，我们几乎趴到地上，也无法拍出百年前照片上的角度。只得放弃尝试，去寻找"岔道城西43号桥"。公路开始往南延伸，向北望，可以看到岔道村的残墙新瓦，是时候离开公路了。踏着布满杂草乱石的路基，深一脚浅一脚地下到坡底，跨过铁路，再走不远就到了岔道城东城门。

　　岔道城始建于明嘉靖三十年（1551），作为居庸关前哨，历代均在此驻兵。明隆庆五年（1571）重新加固并在墙外包砖，整个城为不规则长方形，设东、北、西门，北门为假门，城上有垛口、望口，南城墙有烽火台2座。现保留部分南城墙和西门城楼、明代石刻揽胜碑。走进城里，主路两侧全是新修的仿古建筑，看来，又是一个商业化的"新"古城，不过明显不太景气。好不容易找了个菜馆填饱肚子，就往西出了西城门，这里的商业气息更加浓重，家家办起农家乐提供餐饮住宿。村外不远就是岔道环岛，环岛边的一座桥引起我们的注意，拿着资料照片，换到不同方位比较，确定就是这里！对面的山形都没有变化，只不过原来小小的桥洞，已经拓宽成双向4车道的大桥了。桥的主体是公路，北侧是京张铁路。

八达岭站　　　　　　　　　　　　　　（摄于 2010 年 9 月 11 日）

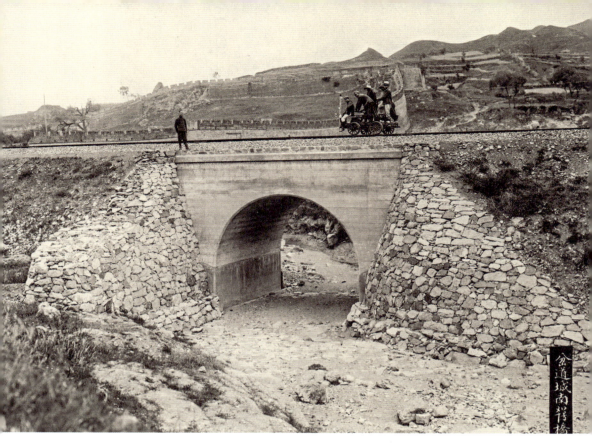

岔道城南 42 号桥旧影

岔道城南 42 号桥现状   （摄于 2010 年 9 月 11 日）

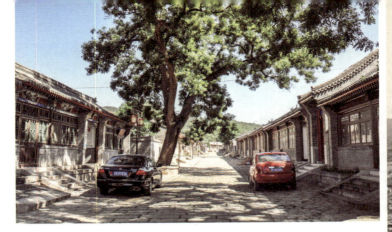

已改作民俗村的岔道城 （摄于 2010 年 9 月 11 日）

岔道城西门外 （摄于 2010 年 9 月 11 日）

岔道城南 43 号桥现状 （摄于 2010 年 9 月 11 日）

道城西 43 号桥旧影

　　顺利拍到照片，我们兴致勃勃地奔向下一个目标。此时太阳已经转西，我们反向往东走，感觉轻松多了。再次经过八达岭车站、詹天佑纪念馆、北门锁钥、八达岭熊乐园、公交枢纽。一般游人到这里会上车离开，前面只有机动车道了，而我们4人还要继续往前。没走太远，就有一座老照片中的桥（架在山谷溪流之上，桥下是乱石滩，一队运货的马匹正在通过桥洞）出现在眼前。如今，这座桥的钢板梁已经改成混凝土梁，桥洞下早已是车辆穿行的公路。我们顺着桥边的石阶登上路基，右边200米就是八达岭山洞南口，但无法穿过隧道去拍山洞北口，甚至靠近洞口都被值守的警卫拦下，只能先转回头，沿着铁路走去青龙桥。

　　赶到青龙桥时已近黄昏，古老的车站被暮色笼罩着。在车站西侧不远，就是著名的"之"字形铁路。站房的灰砖墙外，有"青龙桥车站"几个醒目的大字，是京张铁路会办及总办关冕钧题写的站名，

八达岭山洞南口　　　　　　　　　　　　　　（摄于2010年9月1

达岭山洞南口外 40 号桥旧影

达岭山洞南口外 40 号桥现状　　　（摄于 2010 年 9 月 11 日）

这是目前京张铁路全线唯一完整保存原有建筑格局的站房。时间已晚，我们只能隔窗窥望老候车室里讲述青龙桥站历史的展板、照片以及保存如初的男宾候车室和女宾候车室。这是在2006年，青龙桥站被命名为北京铁路局爱国主义教育基地之后，青龙桥车站和首都博物馆共同筹办的"工业遗产——京张铁路青龙桥站"展览。除了室内展厅，车站西侧的"之"字形铁路、老水塔和水鹤的旧址、站前护坡等组成真正的实物博物馆。

"之"字形铁路

青龙桥车站建站初期为三等站，1923年，京绥铁路局重新划分车站等级，青龙桥站被定为大站。1960年，青龙桥西站投入运营，负责接、发开往包头方向的下行列车；青龙桥站则改为只接、发开往北京方向的上行列车。2008年8月，京张铁路旅游专线——北京市郊铁路S2线开通，青龙桥站停止办理客运业务。2013年3月，青龙桥站被国务院确定为全国重点文物保护单位。2018年4月，青龙桥站不再有国铁列车经过，改为只办理北京方向S2线列车的接发业务。

离开站房，缓步走到车站西侧的詹天佑铜像前驻足。1919年，詹天佑因积劳成疾在武汉去世，时任总统徐世昌批准了中华工程师学会等单位的申请，请日本雕塑家建畠大梦铸造了詹天佑铜像，并建立纪念碑亭。1921年，詹天佑的灵柩由其夫人谭菊珍运回北京海淀万泉庄安葬。1922年4月23日，詹天佑铜像及碑亭落成典礼在青龙桥车站举行。1982年，铁道部将詹天佑夫妇的墓址迁至铜像身后的山坡上，这位创造了中国筑路奇迹的铁路工程师将一直望着他"梦魂所寄"的京张铁路。

驶入青龙桥站的列
（摄于2010年9月

（摄于2010年9月11日）

暮色下的青龙桥车站
（摄于2010年9月11日）

1905年修筑的铁路护坡
（摄于2010年9月11日）

195

康庄站

记得我们是 2011 年春天开车去的康庄，为避开京藏高速假日出京的拥堵，我们早早出发，8：20 便顺利到达康庄车站。 这是京张铁路连接北京城与关外的重要枢纽，也是北京境内的最后一个车站。

看我们拿着资料册，有位热心的工作人员上前为我们指点迷津，说康庄车站的老站房在 1976 年地震时被震坏，之后拆除了上方的女儿墙，并在外墙以角铁加固。机车房和水塔还在，只是机车房的墙体早已斑驳开裂，破碎的玻璃窗框被横七竖八地钉上了木条，透过间隙可以看到一片狼藉的内部，不知它的命运是被修复保护还是被拆掉？一旁的水塔，是京张铁路北京段唯一保留下来的蒸汽机车水塔。站在铁道上，左手是机车房，前方是水塔，很容易取到与老照片相同的拍摄角度。站里部分老路轨还保留着早期的木枕木，木纹深邃，上面用钢丝做了加固。在站房东侧有一棵老树，旁边还存留着一座日伪时期的炮楼。

从康庄站往西是大王庄，这段铁路两侧原来都有排水沟，现在只保留了左边的一条，右边是新铁路了。铁路桥东侧的两个门柱，一个上面写着"康庄火车站"，一个写着"西直门车务段"，记录了康庄站隶属于西直门车务段的历史。

从康庄车站往东，顺着铁路前行，寻找炮上河桥。在满是白色垃圾的铁路旁，好不容易看到一位大姐，忙上前询问，被告知再往东两里地便能看到。走了不远，铁路分为两岔，我们正在争论该顺

庄车站及进站口

庄车站老机车房及水塔

个门柱记录了康庄站隶属于西直门车务段的历史

哪边走时，刚才那位大姐又神奇地出现了。按她指引的方向，我们继续沿直线踩着碎石沙土行进，离开康庄车站已近两个小时，绵绵的铁路看不到尽头，不知要多久才能见到"两里地"外的桥？

铁路沿线人烟稀少，见得最多的就是坟头。这些坟头有很简单只插几根草的，也有很隆重立碑供花的。好不容易对面开来辆"小面"，忙迎上去打听。司机说大概还有一里地远，又很诧异地问我们："那边没有人家呀？"我们顾不上解释，匆匆又往前赶路。在一个岔路口，按照司机的指引，应该穿过左边的桥洞，但根据地图辨认方向后，决定还是沿铁路方向直行。

没想到，路越走越荒凉，杂草和树枝都带着长长的刺，一不小心就要被钩到。穿过荒地，一道一人多高的铁栅栏挡住了去路，最终决定两人带着相机和资料轻装前进继续寻找四孔桥，两人按原路返回。

此时已经快到中午了，我们寻思着能不能搭到顺风车回康庄站，然后开车过来接他们。可是这荒郊野岭的，人都少见，更何况是要搭车。没想到奇迹又出现了，之前问路的"小面"竟然停在路边！怀着兴奋而忐忑的心情敲开了车窗，司机面露难色："这车是拉泔水的，坐不了人……"我们只能继续前行，可脚步越发沉重，头上是大大的太阳，脚下是黄黄的土地，身边是风吹起来的扬沙，想找个歇脚的地方都没有。正在沮丧中，身后又出现车的声音，我们退让到路边。没想到车到跟前停了下来，还是那辆"小面"，司机说如果不介意车里又脏又臭，可以送我们一趟。看着车上一男一女热情的脸，我们对视了一下，决定上车。想绕离铁路，要走很长的土路才能上公路。车子七拐八绕、上下颠簸。车里地面一片油黑，座椅上也满是污渍，我们不敢坐得太实，一直半欠着身子。到了康庄火车站，看我们取到车，好心的司机才离开，我们十分感谢。

　　与同事接上头，得知他们的辛苦没有白费，顺利拍到炮上河 49 号桥。桥的样子与《京张路工撮影》中的照片似乎差别不大，但实际上原桥在战争年代已被炸毁，目前存留的这座为战后恢复重建。1960 年，京包铁路新建二线，在此桥南边又建了一座平行的新桥。无论新桥老桥，与旧照相同的是，三个桥墩下，仍是干涸的河床。

上河 49 号桥现状

（摄于 2011 年 4 月 16 日）

西拨子站

西拨子站在京张铁路通车时还未建成，这里曾是京张铁路的碴石厂，为施工沿线提供石料。我们从《京张路工撮影》中可以看到正在建设中的车站，以及线路上的碴石车。1910年，为增加南口至康庄间的运输能力，京张铁路增设东园、居庸关、三堡、西拨子4个四等车站。当时的西拨子站房位于铁路北侧，20世纪60年代因增设二线，在铁路南侧建了新的站舍。我们到达的时间是2011年4月，同年，西拨子站被撤销，没想到这竟是我们与这个小站的最后一面。

在西拨子南侧站舍与守站的老师傅聊天，他提起站后有日本人留下来的老房子和一个碉堡。我们绕过去查看，虽然已经破败不堪，但每个房子上都挂有标注用途和面积的牌子，如浴池、井房、宿舍、伙房。一旁的圆柱形地堡，直径约3米，高出地面约1米，由水泥掺杂毛石垒砌而成，4个幽暗的望孔高出地面约10厘米，边上不远处还有一个方形的出风口。看起来，圆形地堡的确像是战时工事，但出风口的建筑年代似乎比较近。

顺着铁路我们继续前行，找到了西拨子45号桥原址。京张铁路通车时的老桥于1960年至1997年作为下行线桥梁，1960年二线另建上行线新桥。至1997年修建八达岭高速二期时，因线路北移，西拨子45号桥老桥被拆除，现在线路北侧散落一地的水泥碎石就是老桥的遗迹。我们可以看到这座桥与老桥形近，即是1960年修建的上行线桥，只不过在20世纪末已改为下行线，南侧高架的铁路为1997

西拨子旧站房 　　　（摄于 2011 年 4 月 16 日） 西拨子站路南站舍 　　（摄于 2011 年 4 月 16 日）

西拨子站后院的老房子 　　　　　　　　　　　　（摄于 2011 年 4 月 16 日）

西拨子 45 号桥旧影 　　　　　　　　　与高速公路并列的西拨子 45 号桥
　　　　　　　　　　　　　　　　　　（西北向东南，摄于 2011 年 4 月 16 日）

圆形地堡　　　　（摄于 2011 年 4 月 16 日）

在公路下方看西拨子 45 号桥
（西南向东北，摄于 2011 年 4 月 16 日）

残存的旧桥墩　　　　（摄于 2011 年 4 月 16 日

年通车的上行线。仔细比对山形，《京张路工撮影》中照片应是从桥的另一端，即西南向东北拍摄，钻过桥洞，站在公路桥下，就是原来的角度。

宣化府车站

宣化是河北省历史文化名城，为北京城西第一座府城，有"京西第一府"之称。1913 年，废宣化府改宣化县，宣化府车站也随之改为宣化车站。宣化府车站与西直门车站、张家口车站一样，是头等车站，站匾为詹天佑书写。车站初建站房 7 间，20 世纪 80 年代，在老站房东侧修建了新站房。

2010 年 7 月 4 日，我们乘坐 1115 次火车抵达宣化车站，一下车就看到与照片中相似度极高的站房。除东西两侧 4 个门窗形制改造、站匾拆除外，老站房整体保存良好。但是《京张路工撮影》中

烈日下的宣化站　　　　　　　　　　　　　（摄于 2010 年 7 月 3 日）

203

宣化站出站口 (摄于 2010 年 7 月

的旧照是在铁路南侧拍摄的，我们下车所处的北站台无法满足拍摄需求。向站内工作人员申请去铁路对面拍摄，未被允许，只好无奈地出站。

夏日正午的太阳烤得地皮发烫，街道上行人寥寥，本应喧闹的火车站广场也空空荡荡，广场一侧有一条长地道，可以到车站对面的居民区。这里都是低矮的平房，靠近铁路一侧是高高的围墙，怎么能越过高墙拍到对面的宣化站呢？此时有个小男孩儿骑着辆大二八自行车从巷子中出

宣化站站房 (摄于 2010 年 7 月

来，就拦下他打听，他哦了一声，说了一句"你们等我，一会儿带你们去可以拍照的地方"就一溜烟儿没影了。几分钟之后，小男孩儿带着一车筐馒头回来，从我们面前飞驰而过，原来他是先去完成父母布置的买馒头任务，然后才带着我们走到胡同尽头。这里堆了不少红砖，同事爬上摇摇晃晃的砖垛最高处，拍下了宣化站的全貌。

沙岭子站

完成宣化车站的拍摄任务，我们在站旁的面馆解决了午餐。然后，在面馆门口的空调前伫立了半分钟，狠吹了几下冷风，压低帽檐，撑起阳伞，投入太阳的怀抱，准备乘 21 路公交车去沙岭子车站。没走多远，就被一辆中巴拦住问："去哪儿啊？"然后说我们走错了，21 路车站要往回走，而他们可以送我们到距沙岭子最近的位置。上了这辆又脏又破的中巴，不禁想起已经在北京消失了的"小公共"，一路颠簸，随时急刹。更神奇的是，它不仅前行时冲劲儿十足，还会突然快速倒车，为的是接上在百米外招手的乘客，为的是路边的一个水龙头可以让司机和售票员冲个凉，为的是躲路中间不知被谁丢弃的一块沙发垫……经历了种种不可思议，走百米退五米的行程终于结束了，售票员招呼我们该下车了，并指向马路对面，说那就是我们要去的方向。往南，是坑坑洼洼的土路，夏日烈阳直射下来，不留一寸阴影。快走到路的尽头时，遇见一位老者，告诉我们前面不远就是铁路，但那里有一道小铁门，不是经常开的。忙快走几步上前一看，运气不错，门没锁！进门，跨过一道道铁轨，绕过停着的机车，不断比对着旧照片和眼前的景象——这是原来的沙岭子站吗？有些像，但……原来的水塔呢？为什么轨道的弯度和照片上不一样呢？带着种种疑问，我们找到护道的工房，问了那里两位师傅才明白：原本沙岭子车站在建站之初，站房位于铁路东侧，当时是3 条线道；20 世纪 50 年代末期，在西侧增建了二线；至 90 年代初

沙岭子站现状　　　　　　　　　　　　　　　　　　　　（摄于 2010 年 7 月）

期，因修建沙岭子电厂，线道向东增扩至 8 条，老站房被拆除，在西侧修建了新站房。现在站台所在的位置，是通车初期最西侧的线道。

　　在沙岭子车站东南有座山，京张铁路为了绕过这座沙岭子孤山，从西南向西北拐了个弯，而我们要寻找的下一个目标——孤山片石厂就在那里。沿着铁路，我们向南前行，此时的铁轨，如同刚从炼炉里出来，散发着热气，距离铁轨最近的脚部感受最强，我们开玩笑说快被烤成猪蹄啦！太阳晃得人睁不开眼，喝下去的水很快变成汗，又很快被烤干，在衣服上留下白色的"地图"印迹。此时补水是最大的需求，在道边的几间民房旁，我们向一位老乡讨到两大瓶凉水，坐在阴凉处的石头上，边喝水歇脚边与他聊天，这位姓白的老人，曾经参与过铁路修建，我们脚下走过的这条土路，就是最初的京张铁路线！

　　终于，到了孤山侧旁，照片中的单线铁道已经扩充至 4 道。这时有火车过来，为了能拍到火车路过孤山的镜头，必须尽量靠近铁路。想必火车是看到了我们这帮烈日下的"疯子"，高高长长地鸣笛警告，然后呼啸而过。完成了拍摄任务，心里踏实多了，沿原路折返时虽然炙热依旧，但脚步却轻松许多。走到公路上，又坐上一辆招手就停的中巴，奔向今天的终点——张家口北站。

沙岭子孤山片石厂旧影

沙岭子站线道错落　　（摄于 2010 年 7 月 3 日）

列车经过沙岭子孤山片石厂原址
（摄于 2010 年 7 月 3 日）

张家口车站

京张铁路张家口车站位于张家口桥东区，为头等车站。作为陆路大商埠的张家口，因京张铁路的开通而更加繁华。京张铁路通车的百余年间，以"张家口站"为名的车站一共有三个，其一是通车初期的张家口车站，其二是现在的张家口车站，其三是沙岭子西站。通车初期的张家口车站，俗称张家口北站。20世纪50年代末期，为配合铁路线路裁弯取直改造，张家口南站建成通车。2013年，张唐铁路沙岭子西站开始修建。2017年，为配合京包高速铁路京张段建设，张家口南站拆除重建，相关客货运业务暂时转移至沙岭子西站。随着2019年张家口北站停办所有业务，张家口南站更名为张家口站，沙岭子西站更名为张家口南站。2020年1月1日，张家口南站停办所有客运业务。

2010年7月，当我们到达张家口北站时，当日已经没有出站的车，我们在进站口探头探脑，只看到一个古老的候车棚，柱子上还有个旧广播喇叭。进站口关了，只能另辟蹊径，打听了一下，得知车站西边有个胡同通往站内。果然，穿过胡同向左一拐，就看到了颇具特色的老房子，墙体为淡黄色，配以暗红色框线、灰绿色门窗、白色窗檐。在站房的南墙上挂有詹天佑亲笔题写的"张家口车站"竖匾，站在站房的东南角，眼前是偌大的车场，数条南延的线路上零落地停着几辆机车；往北，看得到检票口外的老雨棚。据说，1945年8月23日八路军收复张家口，就是从我们刚走过的这条小路攻入张家口车站的。

　　《京张路工撮影》中9间站房的张家口车站，后来在南北两侧各增建1间，所以我们现在看到的站房有11个拱形门。在老站房北侧，紧密衔接着一幢建筑，虽然外立面同样刷成黄、红、绿三色，但四处见方的格局明显不是建站初期所建。紧贴着它的北侧，是灰白色的二层楼，为车站的候车室。外面的木结构老雨棚，上面有木质铁

张家口车站老雨棚　　　　　　　　　　　　　　（摄于2010年7月3日）

路 LOGO，横挂着一块简易木牌，上面以黑色印刷体印着"张家口"三个字。我们顺着站房从南走到北，又原路折返回来，在南侧的墙体上发现一枚小小的铜牌，上面印有"车站行李房　张建段　台帐103# 面积 1815 m^2"。这里是老站房后面，一排黄色的房子，与前排的站房围成了一个小院子。我们试探着推开半掩着的院门，两位热情的车站员工迎上来，了解我们的需求后，介绍说，这排房子与老站同时竣工，现在是车站办公室，虽然房子外观与内部设置都已经非常陈旧，但还是在使用中。站房北侧的黄房子是日伪时期修建的候车室，直到 1982 年利用其北侧广场建了新候车楼。

对比《京张路工摄影》中"张家口车站"照片，背景中是看得到远山的，而我们站在低位，远山早已被西边成片的楼房挡住。此时已近黄昏，坐西朝东的老站房处于逆光，很难拍清楚，我们又没

张家口车站站场　　　　　　　　　　　　（摄于 2010 年 7 月 3 日）

有广角镜头，在哪里取景才能拍到老站房的全景呢？在"张家口停车场"照片中，远远看得到车站的机车房，车场还在施工，地面尚未平整，可见几处堆放的土方、木材，整个车站显得大且空旷，现在的车场，线道自然比百年前增加，但似乎变得狭长，老机车房还在吗？大家带着疑惑，在车场中探索、拍摄，慢慢走散了……

我从站房顺着铁路往南溜达，这里有一大片平房，除了一个铁门已经锁上的院子挂有"北京铁路分局张家口医院 车站保健站"的牌子，其他的平房是民居，但灰墙红顶的样式看起来有点儿不一般。再往远看，有个灰色二层楼，外立面涂有绿色，二层宽出一层，北侧还架有两竖两横的粗铁架。我看一旁大树下有几位乘凉的人，其中还有个白发的老人，便过去向她打听，谁知她不是长住这里的，倒是边上的一位大姐接了话茬儿，说这些灰房子是早期的铁路宿舍，战时曾经被日本人用作仓库，二层小楼是车站调度室。在铁路研究者王嵬的著作中，这幢小楼有专门的介绍："此运转楼①位于一站台南侧，建站后修建，最初为单层，日伪时期加盖为二层，主体为青砖红瓦。1976 年唐山大地震后，此运转楼曾被加固修缮。如今，此楼一层为运转室，二层为货运室。2015 年，运转楼南侧的宿舍、厨房因盖楼被拆除，此楼的二层楼阁下方增建了三面墙，现作为厨房。"②

天色慢慢暗下来，这一天的踏查即将结束。同事兴冲冲地跑来，原来他过了车站东墙，越过重重高楼拍到了带远山背景的张家口车站！

---

① 即车站调度楼。

② 王嵬：《我的京张铁路——奔向口外》，北京：中国铁道出版社，2017 年。

远眺张家口站站房   （摄于 2010 年 7 月

　　由于第二天一早要早班火车返京，我们就在车站边上的西沙旅社过夜。第二天 7 时 19 分，我们坐上 4416 次列车，这趟车是从张家口到北京的普快，每天只有一趟。我们来时坐的 1115 次全程只要 3 小时，4416 次由于经停很多小站，需要 5 小时 20 分钟才能抵京。我们原打算在车辆到站时可以下车拍些照片，然而每一站仅两分钟的停车时间，列车员不允许我们下车，只能透过车窗看一看，沙岭子、下花园、新保安、沙城……除了这一个个属于京张路的站名，百年前的风光已所剩无几。

站房南侧的二层调度楼   通车初期的老机车房、机务段车库旧址方位
　　（摄于 2010 年 7 月 3 日）   （摄于 2022 年 2 月 5 日，史文摄）

家口车站站房南侧
　　　(摄于 2010 年 7 月 3 日)

张家口车站后院　　　(摄于 2010 年 7 月 3 日)

车的乘客与作业的师傅
　　　(摄于 2012 年 7 月 27 日)

张家口车站早期铁路宿舍　(摄于 2010 年 7 月 3 日)

0 年与 2012 年的张家口站站房

停在线路上的机车
　　　(摄于 2012 年 7 月 27 日)

　　2012 年夏天，我从北京自驾，再一次来到张家口车站，又一次见到那一排老站房。对比两年前，黄房子似乎重新粉刷过。从北京西站驶来的列车缓缓进站，随着乘客陆续下车，车辆段的工人师傅们也搬来梯子，进行雨季车窗紧固作业。我把老照片拿给车辆段的史文主任看，向他询问那个未解的疑惑——"张家口停车场"中那个机车房的位置及现状时，他感叹道"这可真是老张家口站了"，曾经他管辖的一个班组就是在这个老车库①里检修车辆。《京张路工摄影》中的照片是从西北向东南拍摄的，照片里的机车房位于车场的东南端，后来又增建了第二车库，属于张家口机务段范围。2005 年，张家口机务段合并到北京机务段后不久，老车库随着机务段的其他设施都被拆除了，老机车房旧址大致位于现在北国花园小区南门。2019 年 3 月，张家口站停止办理全部业务，这座老站 110 年的使命正式结束。

　　2022 年春节期间，我联系已经退休的史文主任，向他了解张家口站现状。于是，在北京冬奥会开幕的第二天，史主任重回张家口老站，拍下了这些照片。让我们看到老车库的旧址、机务段的老信号灯；看到早期的铁路宿舍平房区也已拆除，盖起"张铁家园"小区；看到调度楼还在，但外观又有改变；老站房、老雨棚当然也在。闲置下来的车站将会变成什么样子？我们不知道，我们期待着……

---

　　① 即机车房。

京张铁路通车初期的张家口停车场旧影，远处可见老机车房

张家口老站房今貌
（摄于 2022 年 2 月 5 日，史文摄）

张家口车站老雨棚
（摄于 2022 年 2 月 5 日，史文摄）

老调度楼南侧的平房已变为住宅楼　（摄于 2022 年 2 月 5 日，史文摄）

第三节
京张铁路京门支线

京门支线，是京张铁路的辅助铁路，同是詹天佑在 1906 年主持建造，目的是将门头沟的煤炭运抵西直门，供京张铁路蒸汽机车燃料之用。原自西直门站南侧车公庄出岔，西经五路、西黄村、石景山、三家店等站，达门头沟，单线行驶。1939 年，

京门铁路主题公园（2021 年 10 月 22

日本强占京门铁路，为了进一步抢夺路权又把京门铁路修到大台。1958 年，木城涧煤矿开矿，1959 年京门铁路修通了木城涧段（从门头沟站换乘）。1971 年 2 月，西直门至五路站间铁轨被拆除。这段区间，我们平时经常会路过，知道遗迹难寻，于是最初的踏查规划中，我们暂时舍弃这里。五路火车站东侧，恩济西街和玲珑路相交形成的丁字路口北面，就隐藏着部分废弃的路轨，在其周围是西郊粮库货场和逐渐发展起来的铁路早市。2017 年，海淀区政府对这片区域进行治理改造，断头路被打通成十字路口。2019 年 8 月，一条狭长的

绿地公园——京门铁路主题公园在此现身，保留了老铁轨，安放了
1956 年首批国产机车、绿皮车厢，还有站台、信号灯……将百年铁
路史融入居民的休闲生活。

　　时间回到 2010 年 11 月，立冬当天，刮着五六级大风，我们从
定慧寺出发，开始踏查京门支线西段。沿阜石路一直向西，这条沿
京门支线修建的公路原名"京门高速"，2008 年通车的一期高架，从
西四环至西五环间全程封闭，是北京首座无出口的快速高架桥。过
了晋元桥，出辅路，到广宁路口遇上红灯，似乎是第六感，让我们
做出左转的决定。拐上的这条路就叫"北辛安路"，停车，回头看身
后的"金安桥"，反复对比，认为这就是我们要找的第一个拍摄点"北
辛安 9 号桥"旧址！影集中的桥洞十分窄小，现在这座桥是 20 世纪

辛安 9 号桥旧影

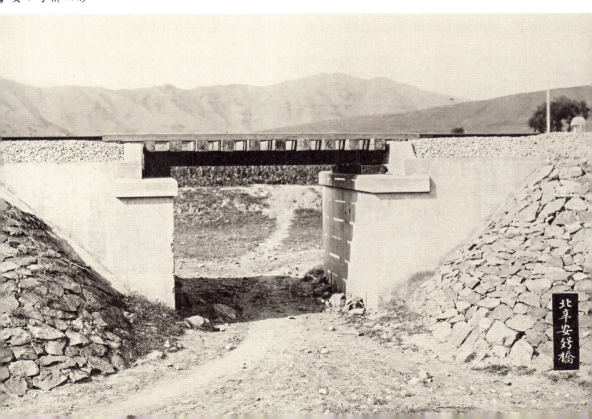

70 年代修建的,跨度已增至 10 余米,曾先后用名"北辛安跨线桥""北辛安立交桥",因地处金顶街与北辛安之间,故各取两个地名中一个字,得名"金安桥"。而 10 年后的今天,轨道交通 S1 线、6 号线在此设站,均以"金安桥"命名。走出地铁站 H 口或 F 口,向北看那座跑着地铁列车的金安桥,百年前曾经承载着京门支线运煤车。

掉转车头,回到广宁路继续西行,直到双峪路掉头,向东拐上麻峪东街。在离一个铁路桥最近的地方,我们把车停好,攀上铁道路基,开始徒步寻找"麻峪 11 号桥"。下车上桥,才真正感到风有多大,天有多冷,看似很旧的铁轨却不时有火车驶过,虽然不过是两道铁路,但刺耳的鸣笛声让人感觉四周都被火车包围着,寒得彻骨……往西走了一段,能看到不远处的管道和高架桥间有座桥,颤颤巍巍走过架在臭水河上的铁网桥,找到与照片中相近的角度,试着比对照片远景中的山形,而远山被高架桥挡住了,桥墩又被芦苇荡遮着,很难认清。边上住家的狗一直在狂吠,出来一位大妈,问清我们在干什么,

京张铁路北辛安 9 号桥,现金安桥
（摄于 2010 年 11 月 7 日）

S1 线列车驶过金安桥　　（摄于 2022 年 1 月

麻峪 11 号桥旧影

麻峪 11 号桥现状　　　（摄于 2010 年 11 月 7 日）

便热心地与我们一起蹲下、站起反复比对，最终得出否定的结论。她建议我们再往西走，说那里还有一座桥，考虑到走铁路有些危险，她又给我们指了另一条小道。穿过边上一个院子，顺着一条窄窄的小路，很快就到了这座铁道桥上，往下看，和麻峪桥一样，有三个桥洞！这个发现让我们很兴奋，顾不上周围带刺的杂草，从铁管下"爬"过去，踩了一脚黑泥，终于找到合适的拍摄角度。一百年过去，周围变化太大，幸好还能看到桥面，又让同事回到桥上，按照片中的人站位完成了麻峪 11 号桥的还原。

1910 年的三家店车站

　　相对于铁路桥，京门支线上两座车站的踏查有些让人失望。一路波折，我们先来到三家店车站。车站虽然还在运营，但这是新的三家店车站，京门支线三家店站原址在东老店 1 号，后改为门头沟供电局，现在供电局也已迁出。顺着新三家店站旁的小路向西，终于找到供电局大院，这里早已人去楼空，除了一旁过路的火车在鸣叫，没有任何旧日的痕迹。再驱车前往门头沟车站，这里已经成为货运站场。过永定河水闸公路桥，左拐上城子大街，几番打听，终于来到停满货车的站场，老照片上的门头沟车站站房早已不见踪影，只有这个站牌能印证我们的足迹。

　　从门头沟车站穿过交织如网的铁轨，沿铁路徒步前行，顺利找到了永定河桥的拍摄点。这座百年大桥还在发挥着它的作用，而河边正在修建的栈道意味着它将成为永定河景观的一部分，被更多人观瞻和纪念。

三家店车站　　　　　　　　　　　　　　　　　　　　　　　　　　（摄于2010年11月7日）

原三家店车站旧址（摄于2010年11月7日）

1910年的门头沟车站旧影

门头沟车站　　　　　（摄于2010年11月7日）

门头沟车站货运站场　（摄于2010年11月7日）

永定河 12 号桥旧影

从我们"重走百年京张路"念头初起，至今已近 12 年。其间，也有其他单位、个人走在这条路上，也有铁路文化研究的专业人士在做深入的研究，京张路上的历史遗存也在逐步被认定为保护对象，五道口、玲珑路、门头沟也陆续建设了铁路纪念公园。而作为北京 2022 年冬奥会重要交通保障的京张高铁已全线贯通，这是中国第一条采用自主研发的北斗卫星导航系统的智能化高速铁路，也是世界上第一条最高设计时速达 350 公里，穿越高寒、风沙段的高速铁路。长城脚下的詹公，在天有灵，睹今日中国铁路工程壮举，当会欣然微笑。

永定河 12 号桥现状
（自西向东，摄于 2010 年 11 月

永定河 12 号桥现状
（自东向西，摄于 2010 年 11 月

第五章

地图上的京张铁路

工业革命以后，西方国家在蒸汽机车的带动下，完成了从工场手工业向机器大工业的过渡。近代以来，西方列强入侵，给早已千疮百孔的中国带来重创，也让中国人意识到工业文明的巨大力量。京张铁路在重建民族自尊心和自信心的过程中艰难起步。与此同时，与京张铁路有关的近代铁路地图，也在学习西方先进文化的努力中渐成体系。本章从历史地理的角度，解读北京沟通北部边疆的交通史。也在古旧地图中，寻找京张铁路沿线道路的历史变迁轨迹。

第一节
北京与张家口的地形地势与城市地位

　　北京城的地势西北高、东南低。燕山和太行山余脉在京师的西北方向聚集，形成一个向东南方向展开的山弯。山弯之下是面向渤海的北京小平原。北京城北靠燕山，东倚太行。京城以北的山脉是北方游牧经济与中原农耕经济的分界。京城以东的山脉又是三级阶梯华北平原向二级阶梯黄土高原过渡的分界。辽金以后，北京成为王朝的都城。从军事的角度考虑，山脉是防御北方民族南下京师的天然屏障。依靠天险，在山间孔道设置紫荆关、居庸关、古北口、榆关等要塞，可以控制京师南下北上的主要通道。从交通的角度来看，山脉之间的孔道以及军事要塞，是和平时期北京沟通北部边疆的主要通道。北京向东向南，一马平川，陆路与水路四方通达。京杭大运河将国家的政治中心与经济中心连接在一起。北运河还连接了京师与大沽海口，海路沟通沿海各地，也可通达海外诸国。大约在距今 3000 年前，北京城所在区域的燕山南麓，西周先后分封了蓟国和燕国。燕国都城建立在太行山西麓的琉璃河遗址，北京城的建城历史由此发端。由于北京地处华北平原的北部，西北与蒙古高原相接，正北经孔道直通东北平原，南下是一马平川的华北平原，沿太行山东麓大道直抵中原，东南又临近海滨，可与海路相连。因此，古代诸多陆路交通要道会集于此，这也成为北京城城市起源的重要因素。北京成为北部边疆地区与中原地区沟通的重要节点。早在西周时期，燕国的考古学文化面貌中就显现出中原文化因素与北方文化因素并存的特征。这说明，燕都作为沟通南北的中转站，在先秦时期就已形成。春秋战国时期，蓟城和燕下都逐渐成为幽燕地区的中心。秦汉至隋唐时期，燕都变成了幽州城。虽地名曾多次改变，但城市地位没有改变。在辽代将析津府定为南京之前，这里是帝国的北方重镇。特别是安史之乱以后，北方游牧民族时常南下，幽州作为传统农耕地区的北方门户，成为中原王朝与北方民族争夺的焦点。辽金以降，随着北方民族入主中原，北京成为王朝的都城。这里不仅仅是北方重要的交通枢纽和军事重镇，而是转变为王朝真正的政治文化中心。都城的设立带来大量的人员物资流动，都城与各地的水陆交通成为维系王朝运转的大动脉。明朝，王朝的北部边疆退到长城沿线，明朝与北元的对峙，使明朝的北部边疆防御压力倍增，天子守国门的局面出现。这一时期，京师与北方草原之间的孔道，成为关乎王朝命运的要塞。京师除承担王朝都城功能之外，再次成为北方防御的军事重地。清代以来，京师的北方防御压力缓解，交流互动再次成为主流。

张家口位于北京城的西北方向，处于中原地区北上蒙古高原的过渡地带，是北京、河北、山西、内蒙古四省区市的交界处。从地

直隶东舆图（局部）

形来看，张家口的北部是坝上草原，中部是低山盆地，南部是山地，与北京西北方向山脉相连。从军事防御的角度来看，张家口位于明代长城沿线，是防御北方民族南下的重要堡垒。特殊的地理位置造就了张家口北上南下的交通枢纽地位。明清时期，这里既是战争年代的军事要塞，又是和平年代的贸易互市重镇。张家口的建城历史始于明朝。明成祖迁都北京以后，长城沿线成为守卫都城的屏障。从先秦开始，长城的修建几乎贯穿整个中国古代。迁都北京后的明朝，在都城西北方向承担巨大的军事防御压力。为有效阻挡北元势力南下，明朝利用历朝历代修建的长城，在都城的西北方向，构建起前后两道都城防御屏障。其中南部长城由古北口、居庸关，沿北京西山山脉向西南方向修建，即"内三关"所在一线；北部长城自古北口和居庸关之间，经延庆向北至独石口，再向西南到达张家口，后继续向西，进入山西。张家口位于两道长城之间，成为守卫京师的屯兵建堡之所。明朝九边重镇建立之后，张家口所在区域为宣府镇核心。《读史方舆纪要》记载宣府镇"南屏京师，后控沙漠，左扼居庸之险，右拥云中之固"，足见此地战略位置的重要性。张家口的前身，就是宣府镇建立在清水河畔的驻军城堡。张家口是明清以来京师西北防御要塞，是这座城最初的城市基因。

第二节
京张铁路修建之前的西北交流通道

　　秦汉以来，从幽州所在的燕山以南，向西北方向出行塞外的道路主要有两条。西路是经昌平南口、北口，出居庸关，到上谷郡，再北达匈奴之地。东路是经古北口东北行，经右北平郡，进入辽西。隋朝，为隋炀帝出巡，从居庸关，经怀来、涿鹿、宣化、怀安，去往云中的通道，已经成为官方开辟的御道。秦汉时期，幽州北行的西路与隋朝帝王出巡的御道，由张家口至北京一段基本重合。其中，张家口是北上草原与西行大同盆地两条道路的交会点。辽代以来，随着北京成为王朝的都城，沟通幽燕与北方草原的通道越来越重要。石门关路是辽代以来，从辽南京北出居庸关，通向漠北草原的大通道。这条通道，南起辽南京，出关沟向北，行至赤城石亭，出独石口继续向北，即可到达辽上京。元朝，由元大都北上元上都，再西北向到达哈拉和林的道路，维系着元朝的政治命脉。为保障草原所需的粮食物资顺利运往元上都和哈拉和林，元朝在这条草原大道上设立驿站。这条草原大道分为东、西两路，东路基本沿用辽代石门关路，从大都西北出居庸关，经怀来榆林驿北上独石口，然后到达元上都。西路是出居庸关后，沿洋河河谷西北行，经怀来、宣化、张家口北上坝上地区，再转而东北行至上都，或北行去往哈拉和林。这条道路发展为明清时期的张库大道。明初，明军曾一路北上攻克元上都，并保持北京至上都的草原大道。永乐年间，蒙古势力再次南下，北元与明朝的对峙前线压缩到燕山山脉一线。明朝修长城，并在两道长城之间屯兵筑堡。京师北上草原的大道就此中断。

明清以来，张家口之于京师的作用愈发重要，张家口位于北京通向西北蒙古高原的道路上，是沟通中原农耕文明与北方游牧文明

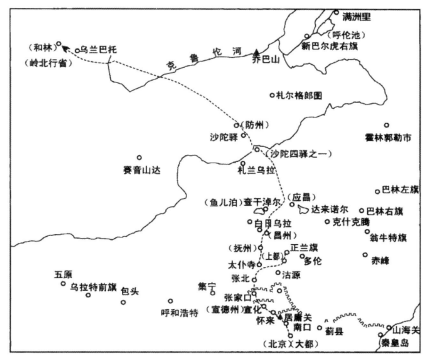

元大都北行岭北行省和林草原交通示意图

的媒介。除了战时的军事要塞，张家口还是沟通京师与北部边疆的交通要道。张家口互市重镇地位的确立，进一步提升了京师与北部边疆交流互动的活力。在长城沿线城市形成之前，早已有农耕与游牧交流互市出现。明初禁边期间，由于游牧经济与农耕经济的相互依赖关系，生活在长城以北的游牧民族必须与长城以南的农耕民族进行物资交流。在战争间歇期间，中原与草原需要的物资通过草原大道仍在流通。民间商贸系统悄然形成。明宣德四年（1429），张家口堡在清水河西岸建立，为守卫京师，长城沿线迁入大批军户。从事草原贸易的民间商人，在张家口堡附近开始聚集，交换物资，停留休整，择机北上南下。人口增加是经济贸易活跃的重要因素。张家口堡附近的人口聚集，形成了边塞城市的雏形，也为草原大道的重新开辟奠定基础。明朝中期以后，蒙古鞑靼部势力日渐强大，明朝在长城沿线的防御压力巨大，无疑进一步加重了国家的军事和经济负担。鞑靼部经过与明朝的百年交战，发现依靠战争劫掠的物资并不足以满足游牧民族的日常生活需要。在长城沿线建立长期稳定的互市，缓和明蒙关系，符合明朝和蒙古鞑靼部的长远利益。明隆庆五年（1571），随着隆庆和议达成，明朝在宣府、大同等长城沿线关口开设茶马互市。张家口堡因位于草原大道与长城交会处，成为蒙汉在宣府镇最主要的贸易场所。张家口南通京师，再南下汉口，直达武夷山。这条道路将南方的茶叶、丝绸、瓷器等商品源源不断运至口内。张家口向北经张北、多伦，再向西北行至库伦。张库大道将草原产出的马匹、皮草等商品同样运至口内。南来北往的商人在张家口互市上进行交易，张家口由明初的驻军城堡转变为商贸边城。明朝与蒙古鞑靼部开行茶马互市 30 年，明万历三十年（1602），时任宣大山西三镇总督杨时宁组织文武官员，对三镇进行实地调查。调查后，将调查资料编辑整理，并在万历三十一年（1603）出版《宣大山西三镇图说》。从图说的《三镇总图》上可以清晰地看出京师通向张家口堡的山川形势和道路往来情况。张家口以北的长城已标绘马市，并在长城上开门。另一幅《宣府镇总图》上，马市、往来草原大道的驼马及毡房，形成与长城以南截然不同的景色。

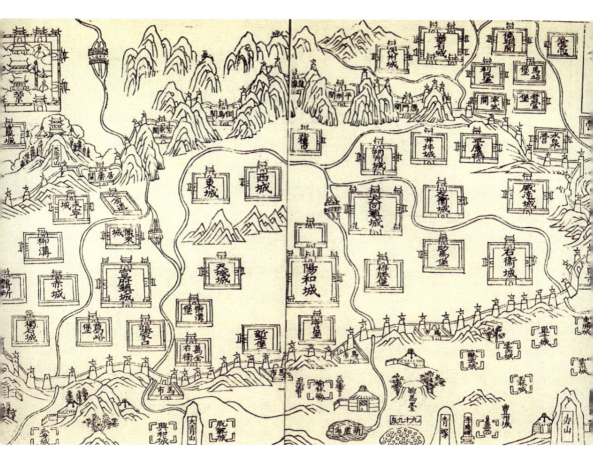

大山西三镇图说·三镇总图

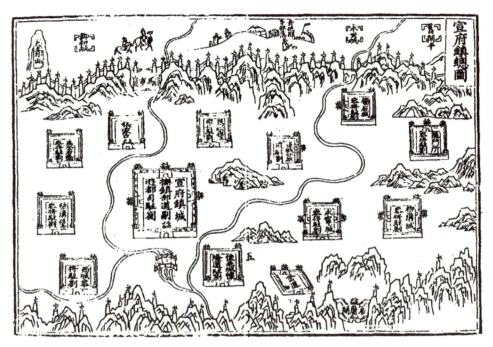

宣大山西三镇图说·宣府镇总图

　　隆庆和议之后的张家口互市十分繁华。万历年间，为适应互市
交易，规范市场行为，明廷下令修筑来远堡。来远堡设置与互市有
关的扶夷厅等官方机构，因堡垒位于张家口堡之北，又被称为张家
口上堡。《宣大山西三镇图说》其中留存的《九边圣迹图》明确画出
了新建来远堡，并标绘马市。长城以北，身着游牧民族服装的蒙古
人与驼马在商道上繁忙往来，毡帐在青绿山水的山间分布。长城以南，
城池林立，与毡帐形成鲜明对比。来远堡建成后，原来的张家口堡
称为张家口下堡。根据学者研究，在来远堡建成之后，张家口互市
有了明确的功能分区。上堡是汉蒙互市的主要场所，下堡是往来商
贾的主要居住场所。万历年间，有人绘制了来远堡互市的场景《马
市图》，反映的正是汉蒙互市。画面上，官市与民市同时出现。官市

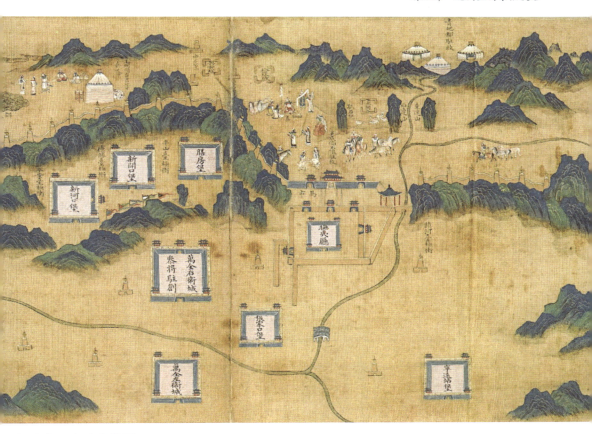

·杨时宁·九边圣迹图

市图

察哈爾省通志 《卷廿一 戶籍編之十一》 三

馬市圖序

向在若非種植何以有此與和地氣鹹暖於開平北嘗可以耕種必無疑也臣之懇意仰懇聖恩於今年秋間特簡王公大臣前往開平與和諸城境內查閱各旗放青之馬共有若干約需牧地若干將舊日所分牧地通盤計算可並者並之可省者省之可兌給者兌之務便種牧遷員前往經理區畫三年之間田疇可以混淆臣於仲春飭地方官招民墾種遷員前往經理區畫三年之間田疇可以盡闢然後漸次修葺城垣蓋造房屋通商惠工五年百物皆備然後派撥滿兵前往駐防則凡邊土往駐之人自便安居天地之氣與人相通人烟既蔡則天氣益暖則田疇益闢田疇益闢則駐防之兵可以陸續增添然則其所養於九邊之防維八旗之生計者億萬斯年而未有已也

馬市圖一卷蓋故明萬歷時年也載宣府來遠堡賈市拓中爲城旁皆紅羣寧靜諸山俯瞰梁櫪城中有蕃翼然朱衣危坐者二人青方袍左右侍者十許人青袍坐別驛者四三人環城呻睨甲櫂立者可百人戔胡之服弓刀森植意狀闌整臺下軍吏數曹長跪白事規方端地百貨坌集車廬馬駝羊豕鬃布絣瓿碧之屬闐闠跳丸意鏡蒲博之扶羣其其外穹廬千帳隱隱展展婦女紬嶁卅生投距之偏其可名數蓋一時之盛也嗚呼當嘉靖之季北部最強比年深踐宣大間大入則大利小入則小利士敢死扶傷不給職守益瞥於是邊郡燕然俄有起色迨匪嘉改元俺答王素毅因其降息益建和戎之勣方是時新都當國中外多言不便離然當有明諸公但知保疆休士之功多而不知狃光熹四朝北邊最髒無軍離然當有明諸公但知

察哈爾省通志 《卷廿一 戶籍編之十一》 四

安玩敵之弊大但知灌邊銷鑾之謀遠而未審坐甲忘戰之思深傳曰善作不必善成非虛言也方襄毅之初簡市議曰朝廷尤俺答封貢諸邊有數年之安可乘時修備設敵背盟吾以數年蓄養之財力事戰守意於終歲奔命自救不暇是是襄毅亦知款之不可狃而姑爲椎宜以紓近憂而就遠計異時枋國之臣苟知燕間之時申固不拔之計簡軍實飭戎器屬武守常以敵之不至於空我有以待其至則封疆之事無弊可也乃覬有明之政一切不然廟廷好好以空名鬻還至於斗斛尺帛潴忍而後能予猾吏則鴆爲苟且訓練服習之方怠廢而無所事而一二不諳大體之臣朝夕只減撫賞核市值爲得計使信輕失於遠人以噐寇怒中朝股算倚其富盛日勤遠略授遠戡播鶯卒不解梭門庭之寰忘腹心之疾亦幸而諸卜諸人再世不競故勉就戎索耳萬歷四十年懷名饗還至於斗斛尺帛

寧汪公道亨來撫宣時邊事日蠱已無可爲者公欲振其積緊俏稍葺茸城堡講宿儲儲觀其邊關餉乃衰痛而卒無如盈廷之泄泄也夫宣麻天下之雄鎮而神京之近藏乃數十年間戎政波解士不飽半菽上閭卹而下日離波夷至於崇禎末造流賊以餓羸倒殘之餘驪陽和陷居庸重臣世將連踲就戳怨軍騙帥搏膻恐後向之扞彊敵而有餘者今則摧弱寇而不足何勇怯殊敗亦稍漸之勢然矣來遠舉築於萬歷四十一年闔之戍當在其後計爾時市局即將變圖猾者誇示大閫之威重物力之墨澹者迨嵩覬其設色布指將使後之人得其意於毫素之外豈亦股臺深戒託於諷噲者爲之是未可知也夫一圖之小不足置論余特感於有明疆場之事不惟繫一方利病實則天下後世鑑也高四尺羨五尺繫絹寫今存某處年月日叙

察哈尔省通志·马市图序

有明朝官员管理，并有随行侍卫分列两旁。蒙古人用驼马、皮毛换取明朝的粮食、布匹等。民市处于次要位置，画面显示穹庐千帐。以骡马牛羊换取手工制品最为常见。这幅《马市图》真实再现了张家口互市的繁荣景象。清朝康熙年间，户部尚书王骘曾观览《马市图》，并题写《马市图序》。这篇序文收录在与张家口有关的方志中，成为研究明代茶马互市重要的历史文献。

清朝，满蒙联姻的统治政策促进了张库大道更加繁荣。长城已经完成了京师防御的军事功能，成为中原与草原往来贸易的场所。顺治元年（1644），在来远堡附近长城建造大境门，交流互动成为长城内外交往的主流。清康熙二十八年（1689），中俄《尼布楚条约》约定俄商可以来华贸易。张库大道不仅可以带动草原与中原的物资交换，还成为中俄贸易的交通线。清雍正六年（1728），中俄签订《恰克图条约》，开辟中俄边境的恰克图互市。原有张库大道，由库伦再西北行 600 余里，就到达俄国边境恰克图。恰克图是中俄贸易唯一的官方口岸，因此延伸至恰克图的张库大道成为清朝与俄国陆上贸易的官方交通线。一时间，中俄贸易总量剧增。除普通商品贸易之外，大量从事金融业的票号开始在张家口兴起。张家口成为张库大道上名副其实的商业中心。乾隆年间，清廷禁止俄国人南下京师进行商贸活动。张家口作为京师西北方向的中转站，地位愈发重要。清代行走在张库大道的俄国人，曾在羊皮上绘制了一幅张库大道的路线图，沿途主要城市、建筑、往来驼队都清晰展示出来。18 世纪至 19 世纪，张家口发展成为中国北方对欧贸易的陆上商埠，无论是经济地位还是军事地位都越来越重要。

清代俄国商人绘制的张库大道简图

　　近代以来，随着西方列强的入侵，传统生产生活方式遭遇前所未有的冲击。第二次鸦片战争以后，沙俄与清政府签订一系列不平等条约，获取在中国境内开设商铺和免税优惠的特权，传统晋商在张库大道的往来贸易由于运输落后，没有价格优势，被外力强行挤压，逐渐没落。俄商通过天津港，将进出口货物通过张库大道转运至恰克图。在沙俄势力的强烈干预下，张库大道沿途成为半殖民地的状态，清政府怎样解决陆上对外贸易的劣势，改进原有运输模式，已经成为重振民族自信、摆脱殖民控制、维系国家命运和京师安全的大事。

第三节
洋务运动与京张铁路地图测绘

工业革命之后，铁路在欧美开始大规模兴建，运输效率大幅提高，运输成本降低，促使经济贸易快速发展。近代以来，西方先进的科学技术知识随列强入侵逐渐传入中国。曾经主张"开眼看世界"的知识分子，如魏源、徐继畬等人，纷纷向国人介绍铁路和火车的相关知识。然而受制于观念和技术，国人对建设铁路的态度并没有西方估计的那样积极，加之清政府担心列强抢夺在华的铁路修建权，会进一步加快在华的侵略及物资转运，因此列强在中国修建铁路的尝试多次受阻。19 世纪 60 年代，在两次鸦片战争失败之后，清政府认识到西方先进科技的重要性，开始反思解决清政府内忧外患的方法。一场以学习西方先进科学技术而自救的洋务运动轰轰烈烈地开展起来。洋务运动建立新式学堂、选派留学生赴欧美学习，同时聘请外国工程师，兴建电报和铁路。中日甲午战争战败，宣告清政府经营 30 多年的洋务运动走向失败。洋务运动虽然不能真正挽救处于

风雨飘摇中的清政府，但却客观上推动了中国走向近代化，国人的
思想观念发生巨大变化。洋务运动中的留美幼童以及开办的铁路学
堂，为清政府自主修建铁路提供了可用之才。19 世纪末至 20 世纪初，
在与西方列强争夺铁路修建和路权的过程中，清政府对营建干线铁
路的意愿越发强烈。由国人自筹资金、自行设计施工、自主经营铁
路的愿望有了实现的基础。

　　曾经的张库大道是中国与俄国贸易的重要通道，19 世纪下半叶，
俄、英、法、美等国的商人陆续出现在张家口，收购皮毛、茶叶。同时，
以晋商为代表的传统商人，在张家口开设各式店铺多达 1000 余家。
中外贸易的繁荣，促使张家口成为北方最大的茶叶出口基地和皮毛
集散地，被誉为陆路商埠。然而，张家口作为陆路商埠，北上南下
仍然沿用驼马商队。商品贸易的流通受制于传统运输条件。中日甲
午战争之后，俄国获得在中国东北修建和经营铁路的特权。清光绪
二十三年（1897），俄国开始修建西起满洲里、东至绥芬河的中东铁路，
并以哈尔滨为中心，向南修建直达旅顺的南满支线。其中，中东铁
路西接西伯利亚铁路，东出绥芬河可直达海参崴。清光绪二十九年
（1903），长达 2000 多公里的中东铁路建成，成为俄国横跨西伯利亚
的陆上运输大动脉，并在海参崴与海上运输相连。中东铁路的建成，
中俄之间大量商品贸易通过铁路运输，加之外蒙古在沙俄的操控下，
中国商人的店铺衰落，贸易几乎由俄商控制，张库大道走向衰落。
在攫取中国东北修建铁路权利的同时，沙俄也曾向清政府提出修建
沿张库大道直达北京的铁路。然而，八国联军侵华战争之后，清政
府与英国签订《英国交还关内外铁路章程》，试图得到北京向北铁路
的独家修建权和经营权。此时，清政府意识到铁路之于商业贸易的

重要性，如果修建北京直通口外的铁路，在带来巨大贸易利润的同时，还可以增加京师与内蒙古、山西等地的联系。沙俄与英国争夺铁路修建权长期相持不下，清政府决定自筹资金，自行建造北京向北的铁路干线。

清光绪三十一年（1905），京奉铁路山海关内段已经建成通车。修建由京师通向张家口的西北铁路干线与京奉铁路的修建密切相关。根据《京张铁路工程纪略》詹天佑自序记载："张家口距京师驿路计四百余里，既属重镇，又当孔道，不但互市之要区，实亦西北之屏藩也。迨有清光绪三十一年，因京奉一路进款颇充，始建以京奉余利，筑京张全路之议。"京张铁路选址是京师通向张家口的古道驿路。北京城西部的太行山余脉与北部的燕山余脉，在京城的西北方向交会。两条山脉的分界处被称为关沟。这里属于太行八陉最北端的军都陉，也是沟通北方草原与中原的重要通道，这条通道也被称为关沟古道。其中，西路通道的南端就是南起昌平区南口镇，北至延庆县八达岭长城的关沟古道。关沟古道南口向东南，经过沙河城、清河等地，由西直门可入京师内城，也可由西直门沿城墙继续向南到达丰台，或者向西直通门头沟。关沟古道向北，经榆林驿、怀来、鸡鸣驿、宣化，到达张家口。在明清古道驿路上兴建新式铁路，首先要克服的就是山地孔道地形复杂、修建难度大的问题。为勘测选定最佳线路，詹天佑带领相关工程人员从京师西直门实地踏查去往张家口的道路，勘测地形地势，计算路线长度，并预估工程花费，等等。工程的难点集中在京师至怀来之间穿越西山孔道的线路选择上。詹天佑首选的就是关沟古道，经过实地踏查，这条道路的线路是丰台柳村—西直门—清河—沙河—昌平—南口—青龙桥—西拨子—康庄—沙城—

下花园—宣化—沙岭子—张家口。由于关沟古道出居庸关附近时，山岭坡度大，詹天佑等人又考察了绕行关沟古道的两条线路。一条是从昌平向东北方向，经过长陵村、铁炉、延庆，再向西行取道沙城。但这条线路仍未能绕过军都山，修建铁路的难度仍然很大。另一条是从柳村向西，取道石景山，途经门头沟，通过京西古道，过官厅，至沙城。这条考察线路沿永定河而行，坡度平缓，但绕行距离较长，预算工程成本陡然增加。经过综合比较评估，詹天佑最终还是选择迎难而上，沿关沟古道修建铁路。

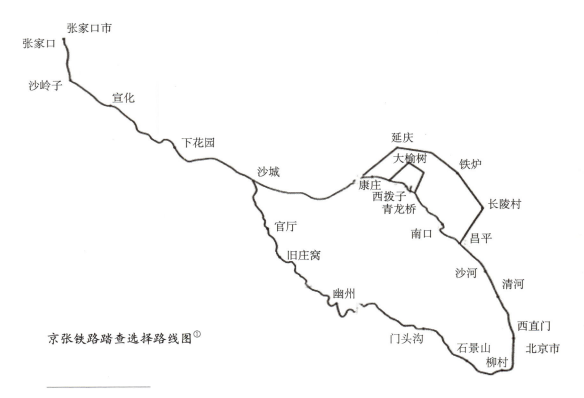

京张铁路踏查选择路线图①

---

① 寇兴军、周俊岭：《京张铁路》，北京：中国铁道出版社，2001 年。

　　从 1905 年秋京张铁路开始施工，至 1909 年建成通车。在工程测绘施工阶段，工程人员应用现代科技绘制了符合时代要求的铁路地图。其中，如实反映京张铁路地图测绘水平的地图是《京张铁路工程纪略》中的《京张铁路图》和《京门枝路平面式》。成一农曾就中国近代地图绘制转型进行研究，认为："鸦片战争之后，中国传统地图逐步让位给基于实地测量、采用投影技术、按照比例尺绘制，将地理要素位置的准确性作为必要评判标准的现代地图。"从此开始，现代地图为了达到准确性，与传统地图渐行渐远。以詹天佑为代表的近代工程人才，是洋务运动的受益者，在美国学习先进科技。洋务派对西方科学技术的学习深刻影响到了近现代中国的科技人才培养。在这样的背景下，京张铁路的设计建设者，将西方测绘技术和制图技术应用到京张铁路工程之中。京张铁路一系列地图的绘制，体现的不仅仅是中国近代工程人才学习西方科技的缩影，更反映出近代士人知识体系、思想观念和社会观念的转变与重建。

　　《京张铁路图》是一幅采用西方制图技术绘制的铁路工程地图。这幅地图用简约的线条和符号绘制京张铁路线路。图上图向、比例尺和图例等要素俱全，与现代地图几乎相同。《京张铁路图》具有清末民初新绘地图的时代特征。第一，此图采用晚清引入中国的石印印刷方法，因此地图上的字体保留了手写软体字，字体清晰，辨识度高。第二，为更好地展现京张铁路沿线全貌，此图并未采用上北下南的现代地图图向，而是沿铁路的走向，采用西南在上，东北在下的图向。这与中国传统地图中的图向选择颇为相似，以达到地理要素展现效果最佳为目的来选择地图视角。第三，此图采用平面图与剖面图相对应的绘图方式展现京张铁路平面走势和地势变化。同时平面与剖面采用两个不同的比例尺，以达到最佳的道路展示效果。这显然是受到西方工程技术图测绘的影响。这种平剖结合的道路工程图绘制方法一直沿用至今。第四，此图将山脉、河道、长城古堡、沿途城市村落、原有道路、已建成铁路等地理要素均一一标绘。新建铁路可以以旧有地理要素作为参照，确定线路准确位置。第五，此图保留了工程测绘图的特征，在南口至岔道城段标注了需要开凿的山洞和山洞长度。这显然是为了工程建设专门标绘的。值得注意的是，图上山洞长度用苏州码子标注，这与中国传统工匠测绘时使用的标绘方式一致。第六，平面图上表示山势地形采用晕滃法。晕滃法又称晕滃线法，是18世纪至19世纪西方地图表示地形的方法。其绘图方法就是用平行的短线画出山脉。短线的粗细疏密程度表示地面坡度的缓急。坡度低平和缓的地方，短线细长而稀疏；坡度陡峭急峻的地方，短线粗短而密集。这种表示地势的方法不影响其他地理要素的标绘，且在图上表现更加直观。近代以来，西方绘图方法传入中国，晕滃法在清末民初的地图中大量出现。晕滃法虽然不如中国传统地图见山画山的画法形象生动，但却高效而简洁。从《京张铁路图》的特征来看，这幅地图充分吸收了西方新式绘图和工程测绘的方法，同时继承了中国传统地图中的优秀因素，体现了"中学为体，西学为用"的指导思想。工程测绘人员务实求真高效的地图绘制，也是京张铁路工程修建的一个缩影。

从《京张铁路图》的内容来看，从东南向西北，京张铁路呈"一"字展开，用实线表示铁路。京张铁路的起点是丰台柳村，柳村又是京奉铁路上的车站，在此可以与京奉铁路相连。铁路向北，沿北京内外城西城墙外修建，途经广安门、西便门、阜成门、西直门。在西便门外白云观附近，与京汉铁路相交。在西直门附近设置车站，另修京门支线，与铁路干线相连。出西直门，铁路通向西北方向，沿途修建清河、沙河城、南口车站，由南口车站，铁路进入关沟古道线路，至岔道城为止。这段工程山岭陡峭，依次开凿居庸关山洞、五桂头山洞、石佛寺山洞、八达岭山洞，其中在石佛寺和八达岭山洞之间，修建青龙桥车站。过青龙桥车站，铁路进入怀来，沿洋河之北，经过康庄、怀来县、沙城、新保安、下花园、宣化府、沙岭子车站，最终到达张家口。这条线路与明清时期京师通往张家口的古道基本重合。除铁路线之外，旧有古道用虚线表示，除京师通往张家口的古道之外，图上清晰可见的通道有京师西出广安门通往卢沟桥的大路；西出阜成门，经过田村、北辛安到达门头沟的大路；西出西直门至颐和园，再北行至羊坊、南口城的大路；另有羊坊通往门头沟和洋河岸边的两条古道。图上铁路车站用实心黑色方框表示，其他城市村落地名用空心黑色方框表示。图例的示意性与现代地图几乎相同。

京张铁路共有支线两条：一条是京门支线，也就是《京张铁路工程纪略》中提到的"京门枝路"；另一条是鸡鸣山煤矿支线，工程纪略中称之为"鸡鸣山煤矿枝路"。1906 年 10 月，在京门支线并入京张铁路修建工程之后，开办鸡鸣山煤矿支线事宜也获批准。鸡鸣山矿井距离京张铁路下花园车站约 6 里，虽地势较高，但为方便煤炭运出，选择山坡稍缓处，动工修建。但鸡鸣山煤矿支路没有另绘地图。京门支线在工程纪略中绘有《京门枝路平面式》和《京门枝路长剖面式》。《京门枝路平面式》的绘图技术与绘图风格和《京张铁路图》保持一致，同样采用平面图与剖面图相对应、平剖面不同

比例的画法。因为京师至门头沟之间的地势相对平缓，工程受地形
地势干扰较小，京门支线的剖面图详细标绘了铁路所经之处地势不
平整的桥梁、旋沟、平沟等。京门支线的修建与北京西山一带的煤
矿有关。北京地区的煤矿集中在房山周口店石梯至门头沟一带。在
京门支线修建之前，京汉铁路已修建周口店至琉璃河的支线铁路。
房山产出的煤，可通过京汉铁路运至全国各地。但门头沟产出之煤

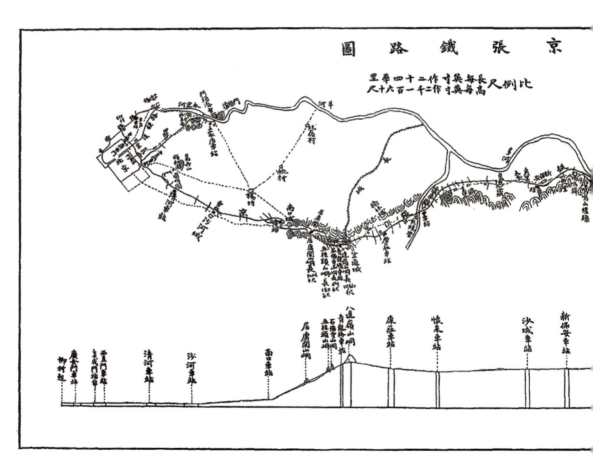

京张铁路工程纪略附图·京张铁路图

仍靠驼队运输，成本高、效率低。京张铁路干线开工修建，以门头沟煤矿为业的商人、矿工等联合请愿，希望修建京师至门头沟的运煤铁路支线。1906年，京门支线工程并入京张铁路工程之中，并于同年冬天勘定线路，历时两年，1908年全线贯通。京门支线全长40余里，起点是西直门车站，向西沿途设黄村、三家店车站，最终跨过永定河，到达门头沟车站。由于京门支线的走向，此图平面图图向近似上南下北，铁路线路用黑色线条标绘，石景山至门头沟段山势用晕瀚法画出。剖面图上，地势高尺数和其他工程数据均用苏州码子标注。这些特征都与《京张铁路图》相同。不同之处是，《京门枝路长剖面式》比《京张铁路图》的剖面图标绘数据更加详细，剖面图的长度和高度也采取不同比例，使用更加精确。

《京张铁路工程纪略附图》中绘制的京张铁路工程地图，采用平剖面相结合的方式，这为后来的铁路工程图提供了经典范例，也为此后修建京绥铁路奠定了基础。另外，这些地图将西方先进制图技术与中国传统地图优势相结合，具有明确的时代特征。中国工程师绘制的铁路工程地图，在近代化的过程中，逐渐走向成熟。

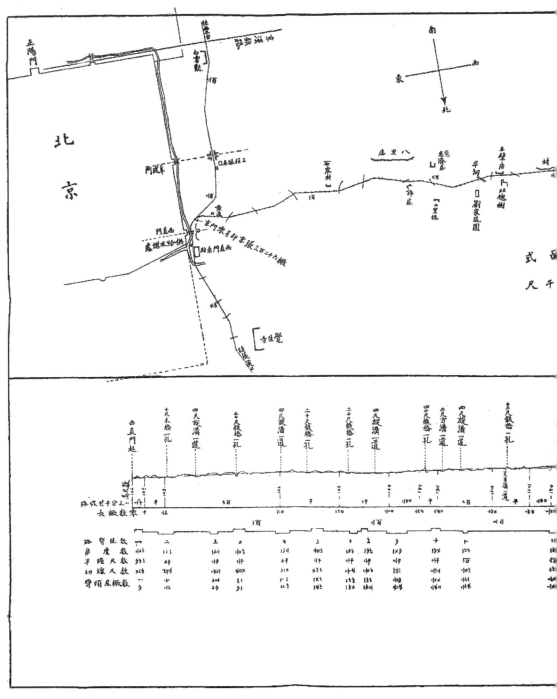

京张铁路工程纪略附图·京门枝（支）路平面式／京门枝（支）路长剖面式

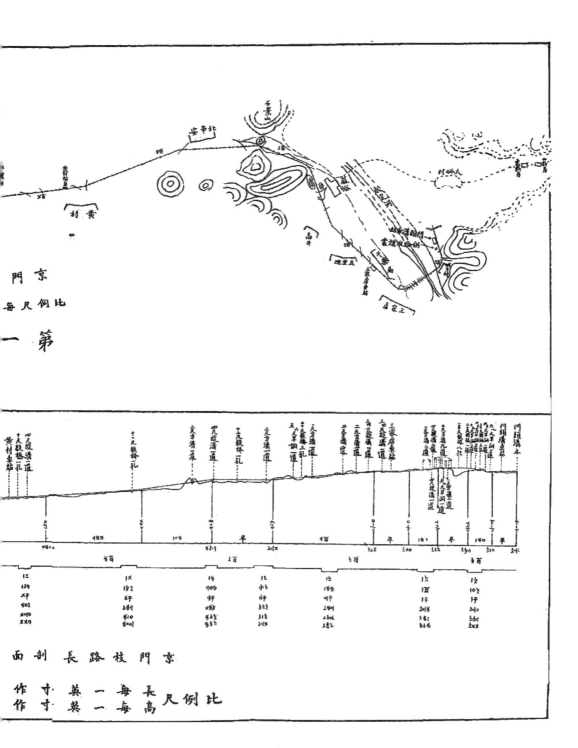

247

第四节
京绥铁路的修建与京绥铁路地图

　　1909 年 8 月，虽然京张铁路工程还未完成，邮传部奏请展筑张绥铁路的方案就被提上日程。张绥铁路是京张铁路的延长线，建成之后终点延伸至绥远。在京张铁路工程顺利进行的同时，清政府提拨关内外铁路余利兴修延长线。在线路选定讨论时有两个备选方案：一是由张家口向北，沿旧有张库大道路线，修至库伦；二是由张家口向西，经过大同、归化，终到绥远。经过评估权衡，清廷认为张库一线运输货物量少，修建线路里程又过长，最终选择张绥一线。如此，既可以将大同煤炭资源外运，又可以多一条北京通向西北地区的铁路干线。由于清政府内忧外患，国库空虚，可以调动修建铁路的经费十分有限，所以张绥铁路采取分段施工，同时发行国债，以保证工程顺利进行。京张铁路通车后，工程即刻转入张同段的建设。张绥铁路修建过程中经历了辛亥革命，工程因经费和社会变动等问题时断时续。1912 年，中华民国成立后，京张铁路的收益纳入工程。

此后，1914 年，张家口至大同段完工。1915 年，大同至丰镇段完工。1921 年，京绥铁路全线通车。1922 年，京绥线延至包头。

　　据 1918 年出版的《京绥铁路旅行指南》记载京绥铁路北京至丰镇段里程，其中京张段 367 里，张丰段 414 里，干路共长 781 里。支路包括京师环城路 28 里，京门支路 47 里，另有大同运煤支路 40 里。这本《京绥铁路旅行指南》是在铁路修至丰镇后，专门为旅客出行而出版的铁路指南。其中有《京绥铁路》地图一幅，详细绘出北京至丰镇的既成铁路情形。与京张铁路修建时的工程地图相比，这幅《京绥铁路》地图既保留了工程图的特征，同时又显现出一些新的特征。与《京张铁路图》相同的是，这幅地图也采用平面图与剖面图相结合的方式，平面图与剖面图的长高均采取不同的比例尺。剖面图上详细标注沿途车站的高度及到达丰台站的里程数。新显现的特征包括：第一，京绥铁路平面图是一幅绘有经纬网的现代地图，地图对行政区划、交通线路等地理要素的标绘完全与现代地图相同。这比《京张铁路图》传统绘图与西方制图技术相结合的绘图方式更进一步。由此可知,京绥铁路地图绘制已完成技术的更新换代。第二，京绥铁路平面图不是一幅工程建设地图，而是突出展示铁路的交通政区图。由京张铁路工程图向铁路交通图的转变，地图的功能也由工程建设转为普通人的出行指南。与《京张铁路图》相比，平面图上删除了表示地形的晕滃法，画面更加简洁。铁路沿线的地形地势以剖面图的形式展现出来。第三，京绥铁路剖面图保留了工程图的特征，但将《京张铁路图》剖面图中的工程建设类信息删除。这一改变，更方便行人阅览。除京绥铁路建成干线剖面之外，这幅地图还另绘京门支路、环城支路和大同运煤支路剖面图,以方便出行指示。

第四，京绥铁路平面图上，将已修建的京绥铁路与未修建的铁路分别用不同图例标注，交通地图的时效性充分显现。由此，我们可以更加直观地了解京绥铁路时断时续的艰难修建过程。《京绥铁路旅行指南》还记录了京丰段所在地理位置，建成后货运与客运的大概情况。"燕晋归绥之间，物产丰富，不通舟楫。故本路运输事业，专以货物为大宗。如输出之杂粮、胡麻菜子、面粉、皮毛、牲畜、煤碱、果品，输入之杂货、盐铁、布、茶、烟、煤油、洋货等，均其最著者也。开路之初，所及未远，尚无起色。自民国肇兴，路线日长，运输即蒸蒸日上，加以政府重路，政恤商艰，裁撤丰台等处税局。于是商贾称便，货物益多。旅客虽较货物为少，惟以路线度越关山，枕连燕晋，远通朔漠，近接察绥，西北交通此为枢纽。"根据这段记载可知，京绥铁路虽然没有全线贯通，但作为北京通向西北交通枢纽的地位已然形成。

1921 年 9 月 20 日，京绥铁路全线贯通，为纪念这一历史事件，国民政府交通部直辖京绥铁路管理局出版《中华国有铁路京绥线建置纪略》，详细记录了京绥铁路的地理位置、修筑缘起、组织沿革、建筑经费、施工情况、沿途车站、各地物产、名胜古迹，以及京绥铁路与其他铁路的连接、未来展线计划等。其中，纪略中有《京绥铁路隔断建筑时期图》和《中华国有铁路京绥展修绥包线平测面缩小全图》两幅。《京绥铁路隔断建筑时期图》直观展现了铁路时断时续的修建过程，不同阶段修建铁路用不同的符号表示。除铁路线和沿途地名之外，图上只标注了长城、河道和分省省界，示意性明显，突出显示地图需要展示的信息。《中华国有铁路京绥展修绥包线平测面缩小全图》是一幅绘制京绥铁路全线的铁路交通图。1921 年京绥线全线贯通之后，随即开始转入绥包延长线的修建，所以这幅地图展现的建成铁路是从北京至绥远城段。绥远城至包头段以虚线表示，以示工程未完成。这幅地图与1918年出版的《京绥铁路旅行指南·京绥铁路》地图画法、特征相似，既采用平面图与剖面图相结合的方式，又保留了平面图上的经纬网。与《京绥铁路旅行指南·京绥铁路》地图不同的是，这幅地图绘制的地理信息更加丰富，平面图中，地形地势变化采用晕渲法表示，同时图上主要标注的地理要素均采取中英文对照的方式。因此，能读懂地图的人群范围扩大。纪略中另有《本路位置及地图》一段，相当于传统地图中的图说。

　　本路干线精度在百一十一度至百十七度之间，纬度在三十九度至四十一度之间。据西北之高原，位京师之右臂。全线凡经三折，自丰台经京兆之宛平、昌平，直隶之延庆、怀来、涿鹿、宣化而抵张家口，均西北行，由张家口经直隶之万全、怀安，山西之天镇、阳高而抵大同，均西南行，由大同经察哈尔之丰镇，而抵平地泉，均北行，由平地泉，经凉城、武川县界，而抵绥远城，均西偏南行。盖自丰台至张家口为一折，至大同又为一折，至平地泉凡三折。凡经省二特别区三县十五，地势由北京而居庸关，而张家口，而大同，而丰镇，而绥远，逐渐增高。绥远较北京高三千三百零九英尺，全路以十八台附近经过分水岭处，为最高点，距海面约五千一百八十一英尺，较北京高五千零五十五英尺。故京绥两段气候悬殊，相差常在十摄氏度以外。

《中华国有铁路京绥展修绥包线平测面缩小全图》是铁路工程地图的延续，保存在《中华国有铁路京绥线建置纪略》中，作为档案原始资料备查。除纪略之外，这幅地图还以单幅晒蓝本的形式保存下来。近代以来，很多工程建筑用图都曾以晒蓝本的形式留存。晒蓝复制技术是 19 世纪中叶发明的，20 世纪初，晒蓝复制技术因简单廉价被大量应用在工业工程设计之中。国家图书馆藏《京绥铁路全路附近地图》就是《中华国有铁路京绥展修绥包线平测面缩小全图》的晒蓝本。两幅地图仅在右下角图名处有区别，晒蓝本没有标注中英文图名，而是在地图的正上方题名《京绥铁路》，后经国图编目拟定图名为《京绥铁路全路附近地图》。此图幅面长 62 厘米、宽 50 厘米，因幅面大，地图上标绘的信息比作为书中插图的地图更为清晰。

1922 年，京绥线延至包头之后，无论是货运还是客运，运输量均大幅增加。1926 年，京绥铁路局再次出版《京绥铁路旅行指南》。这一版本指南详细记录了京绥铁路全线的交通情况。原书出版的目的是"便利行旅而作沿途风土、习尚、交通、商情，记载不厌精详"。显然，京绥铁路沿线客流量的增加，对出行指南的需求也相应提升，于是新版《京绥铁路旅行指南》出现。旅行指南中，附有新绘的《京绥铁路全线图》，完整地展示了京绥铁路由北京至包头的全线铁路沿线情况，并绘有附图《各路联络图》和《京师环城枝路图》。与1918 年出版的《京绥铁路旅行指南·京绥铁路》相比，新绘的《京绥铁路全线图》仍延续了平面图与剖面图相结合的绘图方式，平面图上部显示地形，而在剖面图上显示铁路沿线的地势变化。但新绘的京绥铁路地图摒弃了经纬网的画法，也没有标注平面图的比例尺，推测这与地图作为旅行示意图的功能有关。在《京绥铁路旅行指南》

出版发行之后，其中的《京绥铁路全线图》因需求量大，又出版了彩色单幅的版本。国家图书馆藏《京绥铁路全线图》就是 1926 年出版的《京绥铁路指南》中《京绥铁路全线图》的单幅版本。这幅地图长 50 厘米、宽 27 厘米，所绘内容与插图版地图几乎相同，又因单幅版增加了彩色表示地理要素，所以显现出一些不一样的特征。首先，单幅版《京绥铁路全线图》用红色标绘京绥铁路及当时全国已修建的铁路，未完成的铁路路线用黑色线条标绘。图上铁路线路更加清晰，突出了铁路路线的指示功能。其次，插图版《京绥铁路全线图》在平面图上抛弃的地形地貌，在单幅版中重新画出。单幅版用晕滃法绿色短线表示山脉，用蓝色表示水系。这种地图画法与《京张铁路图》的晕滃法类似，但更加先进。民国年间，西学对中国人绘制地图的影响已经非常普遍。在《京绥铁路全线图》中，晕滃线表现山脉走向和大体位置，表现的符号比较单一，示意性和指示性强。最后，单幅版地图出版，不仅成为人们旅行时的出行指南，还增加了地图的使用范围。无论是铁路沿线车站指示，还是了解京绥铁路的线路情况，都可以通过读图实现。

　　1929 年，上海世界舆地学社出版订正本《中华最新形势图》地图册，书后附贴图《孙中山先生建国方略图》。这幅地图是根据《孙中山先生建国方略撮要》而绘制的全国经济建设规划地图。图上用黑白相间的段线标绘已修建的铁路线路，还用红白相间的段线标绘孙中山先生希望达成的铁路建设规划。这幅图上清晰地展现了京绥铁路的全貌，以及京绥铁路在民国时期全国铁路交通网中的重要位置。此时，因南京国民政府成立，北京已经改为北平，铁路名称也改为平绥铁路。根据孙中山先生的计划,京绥铁路将从包头继续西延。

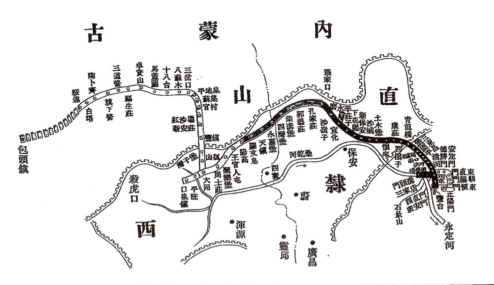

路　　　　段	里　　数	開工年月	通車年月
豐台至張家口幹綫	自有綫 361 租借京奉綫 5	光緒三十一年九月	宣統元年八月
張家口至陽高幹綫	228	宣統二年三月	宣統三年十月
陽高至大同幹綫	104	民國元年十月	民國三年十月
大同至豐鎮幹綫	81	民國三年五月	民國四年九月
豐鎮至蘇集幹綫	122	民國八年九月	民國九年一月
平地泉至卓資山幹綫	147	民國九年四月	民國九年十二月
卓子山至綏遠幹綫	170	民國九年九月	民國十年五月
西直門至門頭溝枝綫	46	光緒三十三年二月	光緒三十四年十一月
西直門至前門環城枝綫	自有綫 22 租借京奉綫 5	民國四年六月	民國五年一月
大同至口泉枝綫	37	民國六年十一月	民國七年八月
宣化至水磨枝綫	17	民國七年十月	民國七年十二月

中华国有铁路京绥线建置纪略·京绥铁路各段建筑时期图

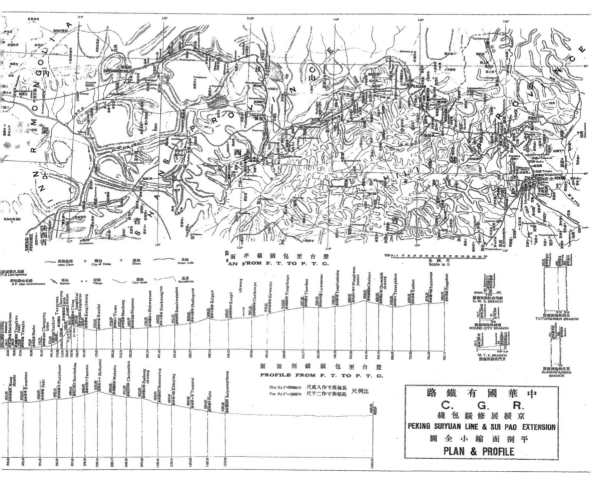

华国有铁路京绥线建置纪略·中华国有铁路京绥展修绥包线平剖面缩小全图

京绥铁路全线图

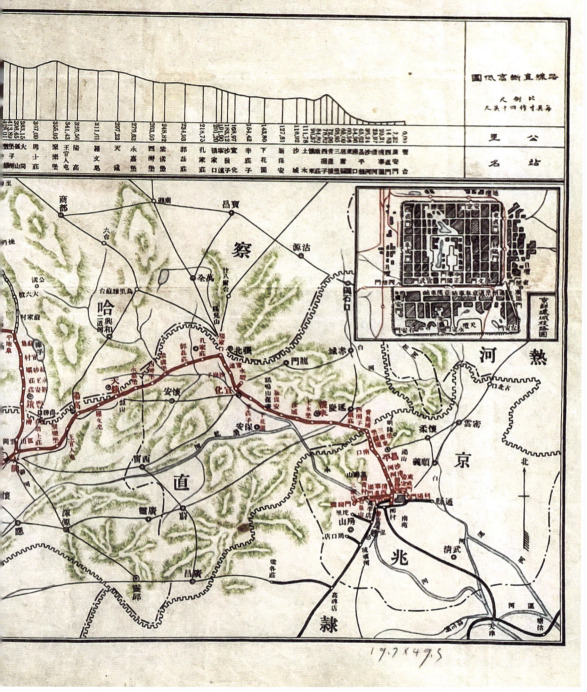

京绥铁路全路附近地图

中山先生建国方略图（局部）·平绥铁路

在张家口另辟一条经过布鲁台、托里布拉克而西行的铁路线。一条与京绥铁路相连，从大同出发直抵西安的铁路也在规划之中。孙中山先生的《建国方略》包含部分空想的因素，最终这些铁路规划大都没能实现，但这份规划的前瞻试验性具有重大的指导意义。《建国方略》系统性地把经济建设、国民精神建设和政体构造结合起来，其中的大部分建设目标正在被中国人民逐步变为现实。正如撮要略记所说："当兹北伐成功，全国统一，先生之革命事业已告成功。今各地渐由训政时期入于建设时期，正推行先生方略之最好机会矣！爰撮其大要，编为是图。俾国民览之，如下一兴奋剂，共同努力，于最短期间促其实现，使全国实业由此发达，国民生计由此充裕，国家基础由此稳固，则先生未竟之志得以完成，将长含笑于地下，而区区编图之意，亦不虚矣！"

除铁路修建以外，现代公路也在明清古道上陆续建成。1918年，我国第一条国有公路——张库公路建成通车，古老的张库大道重新焕发生机。1935年，《察哈尔省通志》中有一幅《察哈尔省各县局暨盟旗群位置略图》。在这幅地图上，我们既能看到平绥铁路，又能看到张库公路。北京通向西北方向的交通要道代替了古道，承载着新的使命。

第五节
百年后的京张高铁

1905 年 10 月，京张铁路开工建设；1909 年 9 月，京张铁路建成通车。2016 年 4 月 29 日，京张高铁开工建设；2019 年 12 月 30 日，京张高铁建成通车。相隔整整一个世纪，北京和张家口之间的铁路传奇仍在继续。100 年前，积贫积弱的旧中国完成了中国人自建铁路从无到有的过程，100 年后，奋发图强的新中国向世人展示高速铁路的中国速度。2015 年，随着北京张家口携手申办第二十四届冬奥会的成功，京张高铁作为沟通北京、延庆、张家口三个赛区的重要交通保障设施被提上日程。同年 7 月，国家发展改革委、交通运输部、中国铁路总公司联合发布了《中长期铁路网规划》，勾画了新时期"八纵八横"高速铁路网的宏大蓝图。京张高铁成为高铁规划"八横"中"京兰通道"的组成部分。京张高铁全长 174 公里，全线设置北京北站、清河站、沙河站、昌平站、八达岭长城站、东花园北站、怀来站、下花园北站、宣化北站、张家口站共 10 座车站，最高设计时速为 350 公里。此外，京张高铁还有延庆支线、崇礼支线，直通冬奥会比赛场馆。

　　与 20 世纪初的铁路工程地图不同，京张高铁建设阶段采取不同的平台载体展现京张铁路沿线地图。既有的百度地图、高德地图等，都可以直接搜索京张高铁，显示铁路沿途地图。铁路从研发、施工到运营还建立了庞大的京张高铁地理信息系统，将铁路资源信息与地理信息关联起来，用直观的画面和特殊的图标来管理、显示、分析京张高铁的地理空间数据。当然，京张高铁的修建，也需要传统的纸本地图，方便使用。《新建北京至张家口铁路线路平纵断面示意图》就是一幅展现京张高铁施工信息及基本地理信息的工程地图。与 100 年前的《京张铁路图》相比，新时代的京张高铁地图既展现了现代绘图技术的先进性，又体现了百年以来铁路工程地图的延续性。延续性方面，首先，京张高铁地图仍然延续 100 年前工程地图中平面图与剖面图相结合的方式。平面图与剖面图的长度比例严格对应，因此平剖面对照更加方便准确。其次，京张高铁地图画面布局仍以铁路线为显示重点，铁路线在画面上呈"一"字展开。不同的是，京张高铁地图采用东北—西南图向，这与《京张铁路图》的图向刚好相反。京张高铁地图图向更符合现代人阅读地图的习惯。最后，京张高铁的纵断面图上同样标注高程、里程等数据。先进性方面，京张高铁地图采用的底图是一幅近似卫星影像图的高清大比例尺地形图，地形地势的展示更加直观准确。图上对铁路工程有关的工程信息和地理要素标注十分详细。图例、图说、颜色的使用都是百年前的绘图技术无法达到的。

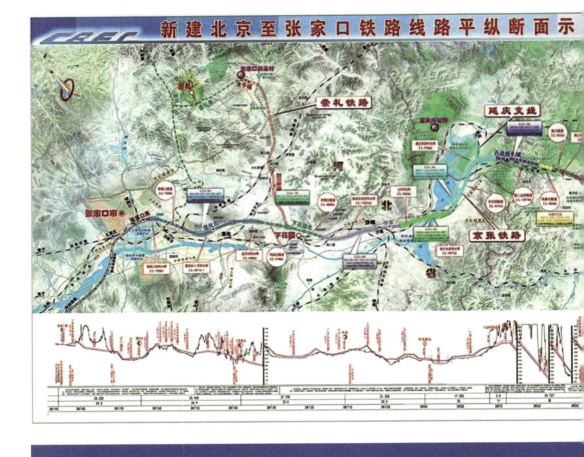

京 张 高 速 铁 路

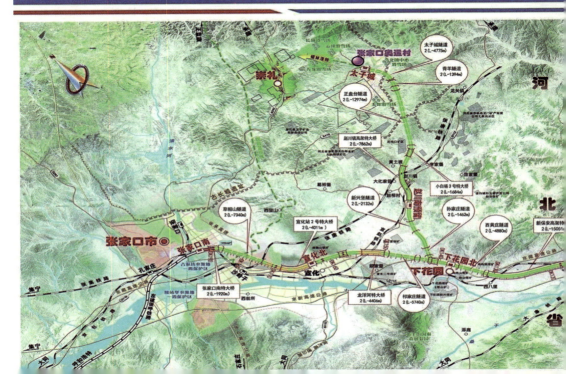

京张高速铁路工程总平面图

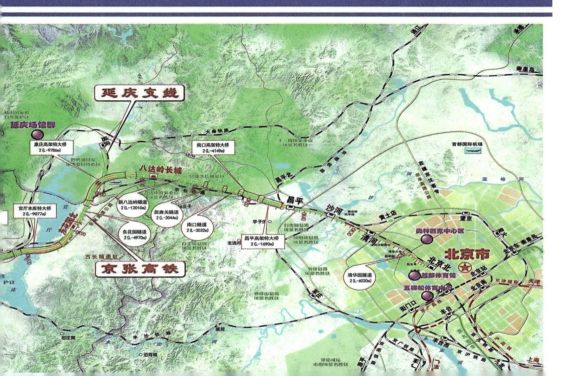

　　京张高铁工程地图只是京张高铁铁路地理信息系统中工程信息的可视化效果，随着京张高铁地理信息系统的完善，不同需求的地图可视化和空间分析功能均可以实现。新时代的地图显示出高度的智能化。

　　新时代的京张高铁，是国人向世界展示中国的窗口，也是京津冀一体化的基础交通工程，更是连接河北、山西、内蒙古和环渤海经济圈的重要通道。数百年前，作为京师右臂的陆上商贸通道，正以全新的面貌迎接新的发展契机。

　　中共中央总书记、国家主席、中央军委主席习近平这样评价京张高铁的开通"从自主设计修建零的突破到世界最先进水平，从时速 35 公里到 350 公里，京张线见证了中国铁路的发展，也见证了中国综合国力的飞跃。回望百年历史，更觉京张高铁意义重大"。

正在进站的京张高铁列车　　　　　　　　　　　　　　　　　　（摄于 2022 年 8 月 26

第六章

京张铁路小知识

第一节
筑路背景知识

詹天佑主持修筑的第一条铁路

詹天佑主持修筑的第一条铁路不是京张铁路，而是新易铁路（又称西陵铁路）。1902 年 10 月，慈禧召见军机大臣并传谕袁世凯，说皇帝将于次年春天去西陵祭祖，为了方便行路，拟从新城县（今高碑店市）高碑店接造一段到易县梁各庄的铁路。袁世凯打算聘请曾经修建唐胥铁路的英国工程师负责新路的测量和修筑，却遭到了法国人的抗议。英法双方互不相让，最后同意委任一名中国铁路工程师负责新易铁路的修筑工作。于是，袁世凯委任詹天佑为新易铁路总工程司。新易铁路全长 43.3 公里，用时不到 4 个月完工，采用单线、标准轨距，经费未超过白银 60 万两，1903 年 3 月完工。新易铁路是一条没有什么经济价值的临时铁路、专线铁路，却是中国人自己独立修建的第一条铁路，用中国款，由中国技术人员设计并独立主持修建，也是詹天佑第一次独立主持承建的铁路工程，客观上为詹天佑之后主持修筑京张铁路起到了先期准备的作用。

京张修路缘起

19 世纪末，帝国主义列强陆续抢占中国铁路筑路权，国内许多人也要求自建铁路。于是清政府于 1898 年成立了铁路矿务总局，后又颁布了《矿务铁路公共章程》，允许商人兴办铁路。此后，先后有几批商人上书清政府，要求投资兴建北京到张家口间的铁路，但是均被清政府以资金不足为由驳回。不过此事却引起了清政府的注意，开始研讨修建这条铁路的可能性。从政治角度考虑，改善此间交通可以加强清政府和蒙古王公之间的联系；从军事角度考虑，张家口地处八达岭外，是北京西北方向的军事重镇；从经济角度考虑，张家口处于北京通往内蒙古的交通要道上，从内蒙古向南运出的毛皮、驼绒等土特产品以及从南方向北运送的茶叶、白糖等生活用品不断从这里经过，解决交通运输问题势在必行。

清政府原计划利用京奉铁路的余利，即在京奉铁路运营中分得的钱来修建北京至张家口的铁路，却遭到掌管这笔钱的英国人的刁难，他们要求由英国人担纲总工程师，否则不予拨款。俄国听说后，表示关外是其势力范围，要使用俄国工程师，因为清政府与俄国有长城以北之铁路不能由他国承办之议。1905 年日俄战争中，俄国东清铁路宽城子以南地区被日本占领，俄方从哈尔滨到北京的线路被阻断，中俄贸易线中断。为了恢复并维持中俄贸易，俄国沙皇政府向清政府索取恰克图至北京的铁路让予权，希望由俄国修建北京直达恰克图的铁路，但是未获清政府允诺。这条铁路途中就经过张家口。

英俄双方争执不下，最后达成协议，同意由中国人自行修建，要求清政府在修建该工程时不得聘请任何外国人。因为在英、俄看来，中国人完全没有相应的能力，最终仍不得不求助他们。但最终的事实是，中国人圆满完成了京张铁路的建设工作。

京张铁路局、京张铁路工程局

1905 年 7 月 3 日，中国官办京张铁路总局在天津河北新马路贾家大桥设立的总局办公室开始办公。之所以在天津设立办公室，是因为代表清政府驻京张铁路工程的主管袁世凯在天津办公，他也是支持京张铁路工程的关键人物，和他进行有效沟通是推进工程的关键。此外，京张铁路在北京丰盛胡同和平则门（今阜成门）外分别设立了分局和工程局。1905 年 8 月，詹天佑将家眷搬至平则门外的工程局内，以节省另行购置住房费用。

京张铁路工程局旧影。门口配有士兵站岗，旁边小门挂有"京张铁路官医院"牌匾

　　1907 年，京张铁路总办陈昭常调任吉林巡抚、詹天佑由总工程局兼会办升任总办兼总工程司后，为减少办事层次、减少人员开支，并便于指挥修筑，京张铁路总局由天津迁至北京，与设在北京的分局合并，称京张铁路局，设于北京阜成门内冰窖胡同，与设于阜成门外陈家大院的京张铁路工程局，分别掌管运输、营业及工程修筑事宜。

南口詹天佑办公室

　　1906 年，京张铁路丰台柳村至南口段建成通车后，詹天佑为集中精力处理全线地势最险要、地质条件最复杂的南口至岔道城段施工工作，将设在北京阜成门外的京张铁路工程局迁至南口，以便每天到工地指挥，解决工程难题。该工程处位于南口车站正北约 500 米处，詹天佑于 1907 年 4 月至 1909 年 10 月在此居住两年半，指挥铁路施工。其办公地点坐北朝南，有北屋 6 间，每间约 20 平方米，

詹天佑办公旧址　　　　　　　　　　　（2022 年 8 月 26 日门景山摄）

房前辟有小院，院内植有古槐一株。旧址至今依然保存完好，已被辟为詹天佑办公旧址纪念展馆。

众多第一

京张铁路是第一条由中国政府投资，由中国人自行设计、施工，建成后自主管理、运营的干线铁路，是中国铁路发展史上的一座丰碑。1876 年，中国出现了第一条营业性铁路——吴淞铁路，这是以怡和洋行为首的英国资本集团在上海闸北至吴淞口间擅自修建的铁路。此后 30 多年间，中华大地上陆续兴建了唐胥铁路、唐阁铁路、唐芦铁路、台湾铁路、关东铁路、胶济铁路、芦汉铁路等，轨道开始铺向全国各地。然而，所有这些铁路都由西方人主导修建，打着半殖民地的烙印。西方列强通过直接进行投资或间接提供贷款的方式操控中国铁路的修筑和经营。在此背景下，自己建造一条铁路，成为中国人的心愿。清政府与英、俄等列强斡旋，利用其在华利益产生的矛盾，最终明确了完全不用外资以及建成后的铁路进项不得作为外国借款依据的原则。1905 年 9 月 4 日，京张铁路作为一条完全不用外国资金、完全不用外国工程技术人员的铁路，正式破土动工。

费用

京张铁路工程原预算，包括线路施工以及购置机车、车辆的费用，为白银 7291860 两，清政府实际拨付 7223984 两，工程实际支出 6935086 两，剩余 288898 两，较原预算节省 356774 两。京张铁路建设费用，折合成银圆为每公里 48600 元。而同期建设的、施工难度远小于京张铁路的几条使用外国贷款的铁路，如沪宁、津浦、京汉、京奉铁路,平均每公里的建设费用分别为 122900 元、119000 元、95600 元、94600 元。

修建时间

京张铁路原计划 6 年完成，实际从 1905 年 9 月 4 日正式开工，到 1909 年 10 月 2 日在南口举行通车典礼，仅用 4 年时间就实现了全线正式通车，比原计划提前两年。

车速

20 世纪初，张家口至北京全程 210 公里，用牲畜运输大约需要 40 小时。京张铁路全长 201.2 公里，火车开通后，北京至张家口仅需要 6 个小时，速度提高了近 7 倍。

计数符号

京张铁路官方计数的规范符号是苏州码。苏州码产生于苏州，也叫草码、花码、番仔码、商码，由算筹演变而来，至明代成为完整统一的一种数码，并被商业界作为暗码使用，也是唯一还在被

南沙河 15 号桥上的苏州码　三桥子村 28 号桥上的苏州码

猪车、铁棚车上的苏州码

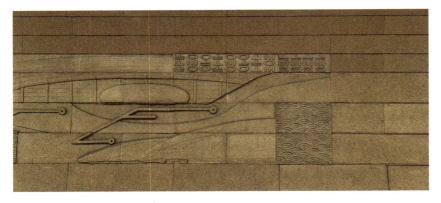

八达岭长城站内墙体装饰上的苏州码

使用的算筹系统。至清末民初，该码广泛应用于民间，后也被用于官方。从旧时各种官私账本中可以看出，很多人在记账时采用苏州码。苏州码0至9的写法是：〇（0）、〡（1）、〢（2）、〣（3）、〤（4）、〥（5）、〦（6）、〧（7）、〨（8）、〩（9）。

技术专家

　　在修建京张铁路的过程中，担任詹天佑左膀右臂的骨干是一大批爱国敬业、学有专长的铁路工程技术专家，包括陈西林、俞人凤、柴俊畴、翟兆麟、邝景扬、颜德庆和关冕钧等，他们都直接参加了京张铁路勘测、设计和施工的全过程。其中陈西林直接参与了青龙桥"之"字线的测定、京门支线的测定等。俞人凤是詹天佑的得力助手，担任过丰台至南口段的复测，首创"片石填充"法，并用此法解决北沙河桥端冲刷水害。柴俊畴不仅陪詹天佑选线，还曾率员在京门支线进行过独立勘测。翟兆麟亲自率员对岔道城至张家口段的线路进行过复测。邝景扬是留美幼童之一，是詹天佑的同窗知己。在修建京张铁路第一段工程时，詹天佑曾短暂休假，在此期间，邝景扬代理京张铁路会办兼总工程司。关冕钧曾任邮传部京张铁路局会办、京张铁路总办兼会办等职。

刻在詹天佑纪念馆外墙上的詹氏名言"各出所学各尽所知使国家富强不受外侮足以自立于地球之上"

第二节
线路相关知识

概况

据《京张铁路工程纪略》"总纲"记载，京张铁路"所有一切建筑物及车辆等"包括"车站十四处，月台二十八处，桥梁一百二十五处，涵洞二百一十处，山洞四处共计积长五千三百九十七尺，水塔十一处，机车库五处，铁转盘六处，养路工房八十三处，工员办工室十二处，天桥一，抄水机房一，地磅二，井十一，煤台五，料厂四，工程车务厂务员役工匠及巡警各住房八十六，南口制造厂一，南口材料厂一，机车十九辆，客货车料车共三百二十八辆"。

线路

京张铁路建设前，詹天佑带人勘测了三条路线。由于清政府拨款有限，且时间紧迫，詹天佑最终从中选择了建造成本较低的一条，即由西直门经沙河、南口、居庸关、八达岭、怀来、鸡鸣驿、宣化至张家口的路线。这条路线最困难的一段是南口至八达岭一带的关沟段，这里地势险峻且坡度大。京张铁路全程分为三段：第一段丰台至南口；第二段南口至青龙桥关沟（途中有居庸关、五桂头、石佛寺、八达岭 4 条隧道）；第三段为康庄至张家口。

支线

京张铁路从修成之后起就不断在主线上分出"岔道"来。先是西直门车站分出京门支线；20 世纪 50 年代从沙城到丰台修建了丰沙线；在清河修建了连接北京火车站的连接线，这样就连通了从北京到包头的京包线；从沙河又向西修建了通往后章村到三家店的联络线；在宣化站也修建了到庞家堡的宣庞支线。不过，京张铁路初建时最重要的两条支线分别是京门支线和鸡鸣山支线，其主要功能均是运送煤炭。铁路开通之后，这些线路运输的煤炭不仅可供铁路使用，还可以额外增加一笔运输收入，可谓一举两得。

鸡鸣山支线

鸡鸣山支线连接下花园车站与鸡鸣山煤矿，长约 2.5 公里。1905 年，詹天佑在勘测京张铁路时，得知鸡鸣山附近产煤，为了解决京张铁路机车用煤的问题，于是上奏说明详情。1906 年，京张铁路总办陈昭常上奏清政府，提议在鸡鸣山开采煤矿。1908 年，邮传部奏准，由京张铁路局负责开采鸡鸣山煤矿。1909 年，农工商部下发鸡鸣山开矿执照，将八宝山、玉带山一并划归京张铁路局官办矿区。鸡鸣山煤矿位于下花园鸡鸣山北坡的八亩地，是当地最早的官办煤矿。开采到后半期，鸡鸣山煤矿亏损日益严重，于 1930 年关闭。鸡鸣山支线也于 1935 年被拆除。

京门支线

京门支线连接西直门与门头沟，1906 年由詹天佑主持修建，长约 25.8 公里，为单线铁路，20 世纪 70 年代停运。京门支线原自西直门站南侧车公庄站出岔，西经五路站、西黄村站等，达三家店站、门头沟站；1939 年日据期间增建门头沟至大台段，增设野溪站等站。京门支线的修建是为了将门头沟的煤炭运抵西直门，供京张铁路蒸汽机车燃料之用。

万寿山支线

1905 年，詹天佑正在为修建京张铁路紧张筹划时，慈禧太后突然下令，要在当年十月初十她寿辰之前修成万寿山支线，以方便她乘火车去颐和园过寿。要在不到 5 个月的时间里修成万寿山支线，困难重重。詹天佑只能咬紧牙关，同时领导京张铁路和万寿山支线两条铁路的修建。他很快完成了万寿山支线的设计和测量，但要实际修成铁路困难很大，要在十月初十修成更不可能。没想到，慈禧太后听说这一情况后，竟然同意了不用抢修万寿山支线。根据詹天佑的勘测和设计，万寿山支线约长 8 里，当时拟将西直门外约 15 里的三才堂作为万寿山支线与京张铁路的连接点。

车站

京张铁路于 1909 年竣工时，实际设站 14 个，分别为广安门、西直门、清河、沙河、南口、青龙桥、康庄、怀来、沙城、新保安、下花园、宣化、沙岭子和张家口车站。随着历史变迁，铁路沿线车站不断增减变化。例如，1914 年，京张铁路设丰台、广安门、西直门、清华园、清河、沙河、南口、三堡、青龙桥、康庄、怀来、沙城、新保安、下花园、宣化府、沙岭子、张家口共计 17 个车站。后又添设了东园、居庸关等站。车站最多时有丰台、北京北、清华园、清河、沙河、昌平、南口、东园、居庸关、三堡、青龙桥、青龙桥西、八达岭、西拨子、康庄、东花园、妫水河、狼山、土木、沙城、新保安、西八里、下花园、辛庄子、宣化、沙岭子东、沙岭子、张家口南、茶坊、张家口等站。

站房

京张铁路沿线车站房屋由詹天佑负责设计和监造。站房采用统一形制，按照标准图式修建，又根据车站运输量大小，分为 4 个等级：西直门、张家口、宣化府等为头等车站，广安门、怀来等为二等车站，清河等为三等车站，西拨子等为四等车站。其中，四等车站并无营业，只是因为距离，不得不酌量设站。同一等级的站房样式、规模一样，不同等级的站房样式统一、规模不同。站房为外形对称、拱门拱窗的红砖瓦房，中间门楣凸起，上面镶嵌着写有站名的匾额。站房内

青龙桥车站女宾候车室

设有售票室、候车室、运转室、站长室等。当时大部分站房不仅是本路线的标志，也是当地的地标性建筑。

站匾

　　京张铁路全线每座车站的主站房中部上方都有一块石质站匾，每个站匾形式相仿，自右至左依次是题写时间、站名、题写人。站匾的中间位置书写站名，分上下两个部分，上部分是繁体汉字，自右向左书写，下半部是站名的威妥玛式拼音，自左向右书写。唯一特殊的站匾是张家口车站站匾，英文名称为KALGAN，系蒙语音译。最初14座车站共有3个题写时间，分别是光绪丙午夏季、光绪戊申秋季和宣统元年长夏，分别代表京张铁路分三段建设的建成时间。

第一段从广安门至南口，建成于 1906 年，站匾题写人为陈昭常。陈昭常 1905 年任京张铁路局总办，1907 年卸任。第二段从南口至下花园，建成于 1908 年，站匾题写人为关冕钧。陈昭常离开京张铁路后，詹天佑升任京张铁路总办兼总工程司，关冕钧则被任命为会办。第三段从下花园至张家口，建成于 1909 年，站匾题写人为詹天佑。

詹天佑题"张家口车站"匾

陈昭常题"南口车站"匾

关冕钧题"康庄车站"匾

詹天佑题"宣化府车站"匾

起点

由于历史原因，有关京张铁路的起点，目前有三种说法，分别是柳村线路所、丰台和西直门车站(今北京北站)。对京张铁路线而言，柳村线路所是建筑起点，丰台站是运营起点，西直门车站是乘车起点。

柳村线路所

柳村在丰台东 3 公里处，京张铁路的确是从这里开修的，詹天佑反复勘查后决定将柳村作为京张铁路的起点。《京张铁路工程纪略》记载："京张铁路以丰台六里许之柳村，京奉铁路第六十号桥为起点，张家口车站为终点，长仅三百六十余里。"可以说，柳村是京张铁路线的建筑起点。不过，早在京张铁路修建之前，柳村至广安门段的路线已由津榆路先行勘定，后来京张铁路将其收购，在原路基础上加以改动。广安门之后的路线均由京张铁路独立所有。如今，柳村线路所仍然存在，并且能够正常使用，但是它的作用发生了变化。最初广安门车站还在时，从丰台到广安门的列车通过这个线路进行连接，不过广安门车站后来被撤销并拆除，这里原先通往广安门车站的道岔也被拆除，只保留了连接京广或京山方向通过京九线到达北京西站联络线上的道岔。

丰 台 站

　　因为柳村线路所不能办理客货业务，所以当初借用了丰台站到柳村的一段铁路，由丰台站办理京张线的业务。老丰台站不仅历史悠久，而且有几个第一：既是亚洲地区最大的零担货物作业站，又是京张铁路的起始作业站，即运营起点；在1958年"大跃进"时期修建了全路第一个"土驼峰"。2010年6月，丰台站停止办理客运业务。2018年8月，丰台站改造工程开工，2021年5月主体结构全部封顶，一个崭新的丰台站出现在世人面前。

修缮中的京绥铁路西直门站

西直门车站发展规划效果图

西直门站

　　1968 年，北京修建环城地铁，从广安门到西直门间的铁路也被拆除了。从此，西直门车站成为京张线的乘车起点，这也是西直门车站目前被多数人认为是京张铁路起点的原因。京张铁路于 1909 年通车后，西直门车站投入运营。车站的主站房、月台以及连接月台的老天桥均为詹天佑设计。1995 年，此西直门车站被认定为第五批北京市文物保护单位。

清华园站

京张铁路清华园车站的站匾由詹天佑亲笔题写，落款是"宣统二年冬季"，也就是车站落成的 1910 年。20 世纪 50 年代，清华大学校园扩大，学生上下课要横穿京张铁路，既不方便也不安全，时任清华大学校长的蒋南翔便设法将铁路向东移动了大约 800 米，并尽量按原样建设了新的清华园站。过去的五道口也移到了今天的位置。京张高铁开建后，为了保障高铁在北京五环内地下线路的施工安全，地面铺设的京张铁路轨道被废弃拆除。清华园站在此次停线改造后不再承担铁路客运功能，轨道也被拆除。2016 年 10 月 31 日 23 时 54 分，最后一班列车开进清华园站，送走最后一批旅客，宣告这个百年老站退出历史舞台。清华园站站房作为文保建筑被保留下来，原地面空间被改建成长达 9 公里的带状公园——京张铁路遗址公园。

五道口

据说五道口地名的由来有两种说法，其中一种就和京张铁路有关。京张铁路修建后，沿线就出现了一些与铁路交叉的道口，自南向北依次简称为一道口、二道口、三道口、四道口、五道口。又因铁路带来的区域繁华，在几个道口附近逐渐形成了以道口命名的村落。

平移了 360 米的老清河车站，位于新清河南侧地下停车场出入口上方

清河站

距今已有 110 多年历史的清河老站房，分三次完成了平移工程，成为京张铁路唯一平移保护的历史建筑，并在京张高铁施工时得以修缮，作为博物馆永久保存，以延续城市的历史文脉。老站房与清河高铁站比肩而立，呈现新老站房跨越百年同站同框互为辉映的独特景观。

詹天佑铜像及墓碑

青龙桥车站

青龙桥车站坐落在大山中，站在"之"字形路线顶端。京张铁路上的列车均在此"车尾变车头"，而后继续前行。目前的青龙桥车站相当于一座原生态铁路博物馆。这里有钢轨铺就的"之"字形文化地标、站台一侧原状保留的站舍、被蒸汽机车浓烟喷涂的百年护坡、詹天佑的青铜像以及徐世昌题写的石碑、詹天佑墓地等。站舍西侧，以百年前曾经在此服役的马莱型蒸汽机车的过热管、烟管拆解后焊接成的栏杆，围成一个室外展示园，在这里可以看到百年铁轨、转辙器、道岔机、信号灯、由苏州码标注的铁路里程碑等京张铁路遗存老物件。站房内有两个展览，一个是京张铁路实物和原工作场景陈设展，另一个是按1905年火车站候车室采取的男女分开候车形式复原的男宾候车室和女宾候车室。1984年，北京市文物局将"詹天佑铜像及墓"正式确立为北京市文物保护单位；2006年，青龙桥站被命名为"北京铁路局爱国主义教育基地"；2008年，首都博物馆确定青龙桥车站为北京市工业遗产，京张铁路工业遗址的标本性保护基地；2013年5月，包括青龙桥车站在内的京张铁路南口段至八达岭段入选第七批全国重点文物保护单位名单，也是其中唯一仍在运营的一段铁路。如今青龙桥车站已不再办理客运业务，但京张铁路旅游专线——北京市郊铁路S2线及一些普通列车仍在青龙桥车站停靠。

"之"字形设计

　　京张铁路是我国铁路史上第一次在干线铁路上运用"之"字形展线设计。行驶在京张铁路上的火车无论进出北京都要由机车牵引进入青龙桥车站，驶入"之"字形线路后，通过道岔转换方向，再

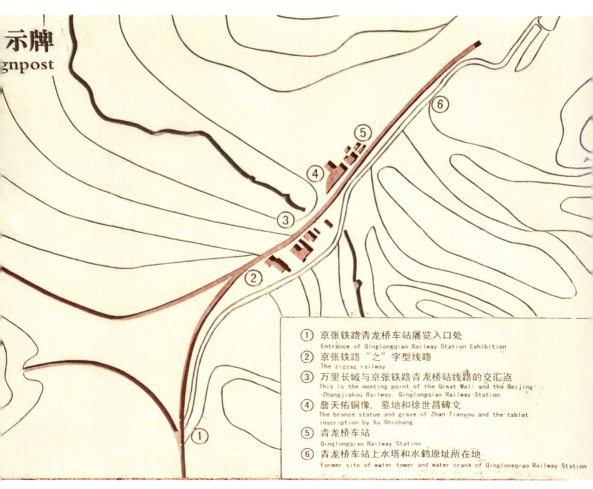

龙桥车站"之"字形线路设计示意图

驶往前方的目的地。不过，"之"字形设计并非詹天佑首创。这种设计原先在南美洲森林和矿山铁路中得到多次运用，却并不是最先进的筑路方式，有坡度大容易导致运输通过率低等缺点。美国最早将这种设计用于修建山地铁路，以节省初期投资，待通车营业有收入时再进行改建。詹天佑将美国高山铁路设计中的延长线路减缓纵坡、用展线两端之间的里程来降低高差的方法，运用到陡峭坡道的铁路建设上，以缓解坡度的险陡，减少隧道的长度。列车为了走到"人"字一撇的尾部，先顺着"人"字一捺到达顶端，然后再掉过头来上行。这样延长了列车运行的距离，提高了列车爬升的高度，解决了陡峭坡道的通行问题。

"之"字形岔道数量

京张铁路线上举世闻名的"之"字形岔道实际有两处。一处位于青龙桥附近的关沟，另一处位于青龙桥车站西两公里处的青龙桥西站。青龙桥西站建于1960年，与老站一样建有"之"字形岔道。

新保安站

新保安站位于京张铁路112.5公里处，建于1908年，1909年京张全线通车时投入运营。建站之初，新保安站正面设有三处拱券，正中央设有一座站匾，两端墙体上有竖匾。现在的老站房除女儿墙、站匾被拆除外，基本保存完好。这是京张铁路张家口境内唯一一座留存下来的二、三等车站。

张家口车站

张家口车站是一座头等车站，站房等级为全线最高，初建成时为南北走向 9 间，设有 9 座券门。现存站房系民国初期在原站房基础上，向南、向北各扩建出 1 间，为横向 11 间的建筑，设 11 座券门。站房南侧墙壁上为詹天佑亲笔题写的"张家口车站"竖向匾额，为张家口北站建站时最早的标志之一，也是张家口北站现存最早的标志。

詹天佑题"张家口车站"竖匾

隧道

京张铁路全程有"山洞四处共计积长五千三百九十七尺"，全部位于南口至青龙桥段。此段线路长约 18 公里，自南口起，地势逐渐升高，地形复杂。铁路如要顺利通过，需开挖居庸关、五桂头、石佛寺、八达岭 4 座隧道。经过反复勘测，最终确定 4 条隧道长度为：居庸关隧道 366.98 米，五桂头隧道 45.72 米，石佛寺隧道 141.12 米，八达岭隧道 1091.18 米。

八达岭隧道

八达岭隧道是京张铁路线上里程最长且施工难度最大的隧道，是中国筑路史上依靠人力建成的第一条大长隧道，也是我国自行修建的第一座单线越岭铁路隧道。隧道于 1908 年 10 月完工，建造时间只用了 18 个月且工程质量良好，经过一百多年通车的检验，没有出现过质量问题，可以说是整个京张铁路工程的代表之作。

开挖隧道不仅需要精确的计算和正确的指挥，还需要新式的开山机、通风机和抽水机。前者詹天佑可以实现，但后者当时的中国全部没有，所有挖掘工作只能依靠工人的双手。詹天佑一方面创造性地运用了"折返线"原理，在青龙桥东沟采用"之"字形线路，使八达岭隧道长度减少一半。另一方面，在詹天佑的策划指挥下，隧道施工采用了开凿与衬砌穿插施工的办法。在隧道两端两个作业面分别向隧道中间点凿进的基础上，詹天佑又设计在隧道上方开凿一大一小两个竖井，自山顶垂直挖下，直至与山洞底部深度平齐为止，随后分别向相反方向进行开凿，以增加作业面，使原来两个作业面变为 6 个作业面，加快开凿速度。每个作业面由 60 名小工组成一班，设监工 1 名、凿工 40 名、运输土石工 20 名，凿工以两名工人为一排开展工作。同时，工程采用爆炸力强但性能稳定的拉克洛（Rackarock）强力炸药。詹天佑也成为中国铁路建设史上第一个采用矿山炸药开凿隧道并且取得成功的人。隧道完工后，两竖井之一的大竖井改建成了通风楼，解决了隧道排烟的难题，保存至今。原来的小竖井位于岔道城一侧的洞口外，该侧有长距离深挖的路堑。随着该路堑的深挖，小竖井逐渐变为露天的工作面，并最终随着路堑的消失而消失。

桥梁

京张铁路初建成时，规模不等的桥梁多达 125 座。其中麻峪 11 号桥、永定河 12 号桥、箭亭 14 号桥、南沙河 15 号桥、吊桥河 116 号桥、岫泥坑 23 号桥、窑顶沟 24 号桥、战沟 26 号桥、三桥子 28 号桥、四桥子 29 号桥、居庸关上关 30 号桥、三堡 32 号斜桥、石佛寺 36 号桥、小红山沟 46 号桥、怀来河 56 号桥、南河顶营 57 号桥、五营梁玉带沟 73 号桥、油黄沟 97 号桥、金龙口 99 号桥、响水堡东山沟 104 号桥，均属造型各异、坚固实用的名桥。其中最长的一座桥是康庄至鸡鸣驿间的怀来河 56 号桥。桥身由 7 根 100 英尺长的钢梁相互衔接、架设而成，故有 7 孔，全长 700 英尺（213.36 米）。新中国成立后，因修建官厅水库，京张铁路在康庄至狼山间改线，新建妫水河特大桥，怀来车站随怀来县城一起淹没。铁路初建时，为了减少向国外购置钢梁的费用开支，关沟段尽量修筑拱桥。自南口至八达岭的 20 座桥梁中，有 13 座为混凝土拱桥。修筑桥梁墩台时，为了节省水泥，采取了混凝土掺加片石的措施。这些桥梁十分耐用。至 1997 年 12 月，京张铁路全线的桥梁已增至 358 座之多。

水塔

为保证机车用水，京张铁路修建时，将水塔作为重要配套工程。铁路于 1909 年竣工时，共有水塔 12 座、水机房 1 处、水井 11 眼。其中西直门、沙河、青龙桥、怀来、沙岭子等站及京门支线的门头沟为行车上水站，各设水塔 1 座，直径 3.96 米，容水量 29.44 立方米。水塔上部贮水柜以熟铁皮用铆钉铆接而成，为圆筒形，直径或为 13 英尺，或为 20 英尺。前者塔座为方形，以砖砌成，后者塔座为圆形，以石砌成。下花园车站现存 1909 年修建的圆形水塔 1 座，水塔直径 6.66 米，塔顶水柜早已拆除。

栽种

《京张铁路工程纪略》一书中专门有"栽种"一节，可见詹天佑对京张铁路线两侧植树绿化的重视。以岔道城至怀来一带为例，因气候东干西润，分别种榆树和柳树，以柳为主，以榆为辅。修路过程中，对绿植的栽种办法做了规定，并绘有详图。

轨距

轨距指铁路轨道两条铁轨（钢轨）之间的距离，以钢轨的内距为准。国际铁路协会在 1937 年确定 1435 毫米为标准轨（距）即普轨（等于英制的 4 英尺 8½ 英寸），又称国际轨距，比标准轨宽的轨距称为宽轨，比标准轨窄的轨距称为窄轨。目前世界上 60% 的铁路轨距是标准轨。《中华人民共和国铁路法》第三十八条规定："铁路的标准轨距为 1435 毫米。新建国家铁路必须采用标准轨距。"但是在清末民初，中国境内修建的铁路轨距并不统一。例如，英国人修建关内外铁路使用 1435 毫米的标准轨距，法国人修建滇越铁路采用 1000 毫米的窄轨，沙俄修建中东铁路使用 1524 毫米的宽轨。詹天佑修建京张铁路时，坚持使用当时世界上使用最多的 1435 毫米标准轨距，并积极倡导我国的新建铁路使用标准轨距。

机车

詹天佑在修建京张铁路时，尤其在选定线路时，非常注重机车类型的选择。最初确定使用从唐山机车厂定购的摩格尔（Mogul）型蒸汽机车，之后又从美国赉玛厂（Lima）进口了谢氏（Shay）齿轮传动立缸机车。1908 年，从英国北英机车公司购置了 3 台"复胀式"马莱（Mallet）1 型蒸汽机车。1911 年，从美国鲍尔温（Baldwin）机车工厂购进马莱 2 型蒸汽机车。1914 年从美国机车公司购置了专为关沟段制造的马莱 3 型蒸汽机车。1921 年又从美国进口了马莱 4 型蒸汽机车，因为此机车非常重，被规定只能在南口至康庄段之间来回行驶。马莱 4 型蒸汽机车司机室下方铸有相关的中文警告牌。20 世纪五六十年代，马莱型蒸汽机车陆续报废，一些机车零部件被焊接成青龙桥车站上的护栏，现作为文物保留了下来。

用马莱型蒸汽机车内热管焊接成的护栏

姜坭车钩

姜坭车钩英文名为 Janney Coupler，由美国铁路工程师埃利·汉密尔顿·詹尼（Elli Hamilton Janney）发明，于 1868 年 4 月 21 日获得发明专利。之后又进一步改良，于 1873 年 4 月 29 日第二次获得专利权。由于使用这种车钩可大大增加列车编组操作和列车运行的安全性，1893 年，美国国会通过决议条款，命令各铁路公司必须采用此种自动车钩。为了解决火车行驶于大坡道时的行车安全问题，詹天佑采购并使用了这种自动车钩。在 1906 年上呈清廷商部的说帖中詹天佑称"车钩其式如两手相勾，触机自能开合，译音姜坭车钩"①，由于是詹天佑将这种车钩引进推广，故被一些人认为它由詹天佑发明。为了不掠人之美，詹天佑后来编著《新编华英工学字汇》时，有意不用"詹"，而用"郑"字，将其译为"郑氏车钩"。詹天佑向清政府建议在全国铁路推广使用姜坭车钩，避免走使用链子车钩的弯路，实属有远见。詹天佑当年委托美国朋友从俄亥俄州克利夫兰国家玛钢铸造有限公司购买的姜坭车钩模型，现收藏于詹天佑纪念馆，并被定为国家一级文物。

南口机车房

1906 年，京张铁路丰台至南口段建成通车，南口机车房应运而生。全部工程设计和建筑，均由詹天佑主持测定，由柴俊畴等多位专家筹措。机车房包括机车库、水塔、水鹤、转盘等实用设施。机车库最初有两座，供上下坡道的机车检修使用，至今保存完好。

康庄站蒸汽机车库

康庄站蒸汽机车库建于 1908 年，是当时中国最豪华的铁路机车库。京张铁路机车就是在这里进行检修和整备的。京张铁路因购置了与普通车道所用不同的山地机车，其配套车库也大于普通机车库。当年老车库有百米长，三层楼高，用青砖砌成，有两扇高耸的拱形

---

① 经盛鸿、经姗姗：《詹天佑：从南海幼童到中国铁路之父》，广州：广东人民出版社，2018 年。

大门。目前整个站场还保存着京张铁路原有机车库、水塔、加煤台和检修地沟等附属设施。

南口机厂

京张铁路建设之初，以詹天佑为首的工程技术人员为了维护路务的需要，决定在铁路沿线修建一座集机车、客车、货车的装配和修理业务于一体的工厂，纵观全路后，认为在南口建厂较为适宜，因为机车在关沟段的运行更需要检修和更换零部件。工厂最终选址在南口火车站西北约 0.5 公里处，主要负责机车修理、承担机车零部件的制造与装配、机车定期检修等。1906 年 7 月，京张制造厂成立，由詹天佑亲自担任第一任厂长。京张制造厂于 1910 年 3 月更名为南口机车厂，1916 年 11 月又改称南口机厂，1928 年归平绥铁路管理局机务段管辖，全称为平绥铁路南口机厂，这个名称一直沿用到 1949 年。1907 年，工厂分为 8 个车间，分别为铸工厂、锤工厂、锅炉厂、模型厂、打磨厂、机车修理厂、客货车修理厂、油车厂。后又增加了铆炉房、修车房等厂房，机车起重架等设备，工厂规模逐渐扩大。该厂有专运线通往南口车站。

南口机厂是中国第一个国有铁路工厂，也是京张铁路线上规模最大的机厂。中华人民共和国成立后，南口机厂更名为南口机车车辆机械厂，主要制造蒸汽机车和内燃机车的部分配件。中国铁道博物馆东郊展馆机车车辆展厅展出的蒸汽机车在入馆前大多经过该厂的整修。如今该厂隶属于中国中车股份有限公司，以制造轴承等配件为主。

唐山机车厂

除了外国进口的机车之外，京张铁路使用的其他机车大多购自唐山机车厂。中国在解放前没有设计生产蒸汽机车的能力，但是少数工厂可以组装机车，唐山机车厂就是如此。

京张铁路医院

詹天佑主持修筑京张铁路时，关心筑路人员的福利与健康。1906 年，京张铁路于阜成门外的工程局设立医院。1907 年，因鸡鸣山煤矿开办，又在煤矿所在之下花园车站设立分医院，归前者管辖。京张铁路通车后，因工程局搬迁，医院由阜成门外改设于西直门车站，定名为京张铁路医院。京张铁路建立铁路医院，是我国铁路自办铁路医院之先声。

第三节
制度、文献、纪念品与遗产

规章制度

　　詹天佑制定了中国铁路史上第一套严格、科学、具体、细致、实用、规范的铁路行车规章制度，不仅为京张铁路列车运营提供了有力的保障，还为全国铁路列车运营提供了规范。詹天佑 1905 年制定的《工程师与员司办事章程》是中国近代第一份工程项目全体人员岗位职责规定。1905 年主持制定的《员司请假章程》是中国近代工程建设项目中第一份关于员工请假的规章制度；制定的《员役在差身故抚恤办法》是涉及中国近代职工身故抚恤制度与思想的第一份重要文件；《升转工程司品格程度及在工学生递升办法》是中国第一份关于工程技术人员考核提升的文件，其中还有中国近代最早的关于工程技术人员道德品行方面的明确要求。鉴于京张铁路关沟段内坡陡弯多，以及长城以北风沙大、行车险等特殊困难，詹天佑还主持制定了一系列确保列车正常运行的有力措施和规则，包括《南口至康庄行车特别规则》《南口康庄段内行车汽号及保险搬闸简明规则》《南口至辰庄行车遇险救援办法》《司机匠应遵守风闸规则》《风雨雾雪行车特别规则》《调动车辆规则》《移动车号规则》等。

技术档案资料

京张铁路是清末铁路工程中留存技术档案资料最完整的一条铁路。仅詹天佑就亲自编撰出版了《京张铁路工程纪略》《京张铁路标准图》《新编华英工学字汇》等著作。这些著作曾在我国工程技术界产生重要影响。另外还有影像资料《京张路工撮影》，为后人了解、认识和研究京张铁路提供了完整资料。

《京张铁路标准图》

1913 年，中华工程师学会在广州用英文出版了《京张铁路标准图》，这是我国第一部铁路工程标准图册，是我国自行制定的第一套标准设计图，在我国铁路工程标准化发展史中占有重要地位。其内容包括京张铁路的桥梁、涵洞、轨道、线路、山洞、机车库、水塔、房屋、客车、车辆限界等，共 49 项标准，图纸 102 幅。这套图的特点是：①适时、节俭、可持续、高标准；②工程设计以头等干线为标准，如采用标准轨距 1.435 米，路基宽度 6.1 米，正线用 42 千克 / 米钢轨，轨长 9.15 米，每节钢轨铺设枕木 13 根，正线道岔为 12 号；③设计力求节约，以实用为原则；④设计融合中国传统文化因素，例如普通职工住房多采用当地习用的火炕，门窗梁式均为中式；⑤恪守政府规定，例如工程计数采用当时官方通用的苏州码，在标准图中

专门制定了苏州码的数字书写规范,线路里程标、坡度标均照此设计;
⑥京张铁路在关沟段采取的一些特殊设计和措施,均未编入标准
图中。

《京张铁路工程纪略》

1915 年,中华工程师学会在汉口出版了《京张铁路工程纪略》。
此书由詹天佑将京张铁路工程中的工作报告等资料加以编纂而成,
全书共 8.6 万余字,涉及勘测调查报告、修筑办法、施工规划、配套
设施等内容,并附有工程图,全面记述了京张铁路工程成就,是京
张铁路最为完整的修筑史料。时任大总统的徐世昌为该书作序。书
中记载了清政府修建此路的缘起等各类历史文献,记录了京张铁路
工程从开办到完工的历程,包括奏请开办、踏勘、禀复、估价、计
开清单、开工及完工、验收等,还包括当时各类演说的记录。此外
还逐一记载了路线、轨道、土石、桥工、涵沟、山洞、房厂、水塔、
栽种,以及京门支线、鸡鸣山煤矿支线等工程。书中除了附有京张
铁路"曲线一览表""坡度一览表""岔道一览表"等外,还附有与
之相关的奏章禀牍等,是研究京张铁路修建的第一手资料。其附图
单独成册。《京张铁路工程纪略(附图)》一书共收录 62 幅示意图,
记录了京张铁路工程的方方面面。

《京张路工撮影》

京张铁路建成通车后,为纪念这一伟大工程,由邮传部尚书徐
世昌拨款,詹天佑主持编纂,清末民初著名摄影师谭锦棠拍摄,上
海同生照相馆印制的大型专题摄影集《京张路工撮影》制作完成。

该摄影集分全编本、御览本、简编本三个版本。

全编本分上下两卷，采用红色绒布封面，两册封面上嵌有铜牌，共收录 183 张 10 英寸的历史照片。影集真实反映了 1905 年至 1909 年京张铁路的工程全貌，忠实记录了车站、厂房、线路、机车、桥梁、隧道、涵洞等施工场景以及通车庆典盛况，为研究中国铁路发展提供了非常难得的影像资料。全编本曾作为京张铁路通车典礼纪念品，被赠送给清政府重要官员、主要工程技术人员以及外国友人等。

御览本《京张路工摄影》系为当朝统治者制作，彰显了皇家气派，同样分上下两卷，共收录 168 张 12 英寸照片，上卷 85 张，下卷 83 张。其所收录的照片与全编本略有不同，去掉了一些官员合影和行辕照，在照片排序上也有所区别，将詹天佑等人的合影放至卷尾，以示对统治者的恭敬。该影集封面用如意云纹黄绫装帧，嵌以镀银铜牌，每张照片以黄绫装裱。两卷各入如意云纹函盒，上贴黄绫签，写有"京张铁路形胜图上函""京张铁路形胜图下函"字样。

简编本收录工程照片 56 张，被赠予全体修路人员。摄影师谭锦棠是同生照相馆的创办者，为表其为《京张铁路摄影》所做的贡献，詹天佑为其题写"精工速肖"四字奖牌，并许其"另晒全路照片出售"。2002 年，《京张路工摄影》作为 48 件珍贵档案文献之一被载入首批《中国档案文献遗产名录》。

通车纪念免费车票

南口车站是京张铁路通车庆典的举办地点之一。在筹办南口茶会期间，邮传部先期将 3000 余张免费车票分送给官绅商学各界人士，票上写明自 9 月 20 日至月底期间，"不拘何日，限来回一次之用，期内自丰台至张家口，往来客商无论从何处上车，一概免收车资，以留为中国自款造路之纪念"。

纪念奖牌执照

詹天佑纪念馆收藏着一张詹天佑签发给徐文泂纪念奖牌的纸质执照，通长 33 厘米，通宽 27 厘米。内容大意为京张铁路竣工后，清政府当时负责铁路事务的邮传部官员亲自乘车验收，对京张铁路的建设非常满意，奏请朝廷拨款白银两千两，奖励该工程相关人员。詹天佑与同事们商议后，决定用这两千两白银打造金银奖牌共计 178 枚，发给工程相关人员作为纪念品永久珍藏。执照所提主人公徐文泂毕业于山海关北洋铁路学堂（西南交通大学的前身），是最早跟随詹天佑投身京张铁路建设的工程技术人员之一，他得到一枚赤金奖牌。执照签署时间为 1910 年 2 月 24 日，署名为时任京张铁路总工程司的詹天佑。执照中还提及邮传部堂宪"沈徐汪"。"沈"指时任邮传部右侍郎的沈云沛，字雨辰，号雨人，江苏人，是近代中国的实业巨子，对海州地区工商业乃至苏北近代资本主义工商业的发展起到了重大的推动作用。"徐"指时任邮传部尚书的徐世昌。"汪"指时任邮传部左侍郎的汪大燮，字伯唐，浙江钱塘人。

詹天佑铜像

　　青龙桥车站的詹天佑雕像为众人所熟悉。事实上，詹天佑雕像有两座。1922 年，民国政府为了纪念詹天佑，委托日本著名雕塑家

青龙桥车站詹天佑铜像

22 年 4 月 26 日，青龙桥车站举行詹天佑铜像揭幕典礼场景

建畐大梦为詹天佑雕刻了一大一小两尊铜像，大铜像高 2.4 米，立于青龙桥站，小铜像高 1.18 米，现收藏于詹天佑纪念馆。

工业遗产

我国正处于社会转型期，城市化进程不断加快，大批曾为我国近代化、现代化做出重大贡献的老工业企业面临改组、搬迁，其设备、产品也不断在淘汰更新。工业遗产是人类文明和历史发展的见证，不仅是文化遗产，也是记忆遗产、档案遗产，其所具有的历史文化价值、知识价值、科学技术价值、经济价值和艺术价值已经在世界范围内受到普遍重视。工业遗产保护名录的形成，有助于保存这些文明的印记，使之成为全人类共同的财富。

2018 年 1 月 17 日，由中国科协调宣部主办，中国科协创新战略研究院、中国城市规划学会承办，"中国工业遗产保护名录（第一批）"发布会在北京举行。这批名录中既有创建于洋务运动时期的官办企业，也有新中国成立后的"156 项"重点建设项目，覆盖了造船、军工、铁路等门类，是具有较强代表性、突出价值的工业遗产。京张铁路入选第一批中国工业遗产保护名录。其主要遗存包括青龙桥"人"字形铁路、青龙桥站、清华园站、西直门站站房、线路、隧道、桥梁、铁轨、枕木、南口机车库、档案、照片等。

第四节
京张高铁知识

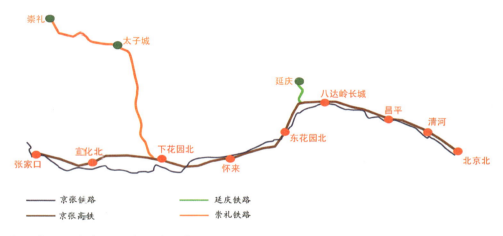

京张高铁与老京张铁路线路示意图

概况

为迎接北京 2022 年冬奥会和冬残奥会，我国在原京张铁路沿线新建了京张高铁。它与崇礼支线、北京城市轨道交通、公交、出租车、私家车、共享单车等综合交通工具接驳，实现北京 2022 年冬奥会期间交通运输系统的转运、疏导和分流作用。京张高铁于 2016 年 4 月

10 日正式开工建设，起自北京北站，途经北京市海淀、昌平、延庆，河北怀来、下花园、宣化等区县，终达张家口站，正线全长 173.964 公里。其中，北京境内 70.503 公里，河北省境内 103.461 公里，同步建设延庆支线 9 公里。全线共有桥梁 64 座，计 66 公里；隧道 10 座，计 49 公里。崇礼铁路与京张高铁下花园北站接轨，向北至崇礼太子城奥运村，全长 53 公里。2019 年 6 月 12 日，世界首条智能高速铁路京张高铁全线铺轨完成，12 月 30 日正式开通运营。这是中国第一条采用自主研发的北斗卫星导航系统、设计时速 350 公里的智能高速铁路，也是世界上第一条以如此高时速穿行高寒、大风沙路段

北京北站　　　　　　　　　　　　　　　　　　　　　　（摄于 2022 年 8 月 2

京张高铁昌平站　　　　　　　　　　（摄于 2022 年 8 月 26 日）

的高速铁路。京张高速铁路正线设 10 个车站，建设工期 4 年 6 个月。10 个车站中，改建车站有北京北站、清河站、沙河站、昌平站、东花园北站、张家口站，新建车站有八达岭长城站（地下站）、怀来站、下花园北站、宣化北站。

重点工程

京张高铁全线重点工程有"一桥三隧三站"。"一桥"即官厅水库特大桥；"三隧"指清华园隧道、新八达岭隧道、崇礼正盘台隧道；"三站"指清河站、八达岭长城站、张家口站。

"一桥"

官厅水库特大桥作为京张高铁全线的控制性工程之一，东起东花园北站，西至怀来站，跨越国家一级水源保护区。为减少对水库水体的影响，采取了与京藏高速公路共走廊的设计方案，在水域范围内，桥梁墩台与京藏高速公路对孔布置。自 2016 年 3 月开工，至 2019 年 12 月 30 日通车运营，用三年半的时间，完成了国内首例适用于 350 公里时速有砟轨道高速铁路的钢桁梁铁路桥。

"三隧"

清华园隧道是目前国内少有的高铁单洞双线大直径高风险盾构隧道之一。隧道沿老京张铁路线掘进，从位于西直门的北京北站引出后，从学院南路南侧入地，依次穿越北三环、知春路、北四环、成府路、清华东路后，于五环内出地面。由于隧道与正在运营的地铁 13 号线并行，并要近距离穿行地铁 10 号线、侧穿地铁 13 号线、上跨地铁 15 号线，更要穿越 7 条主要市政道路及 88 条重要市政管线。2017 年 11 月 6 日，中铁十四局承建的京张高铁清华园隧道"天佑号"盾构机正式掘进。2018 年 11 月 20 日，清华园隧道在安全穿越北京市核心区后顺利贯通。

新八达岭隧道是京张高铁正线 10 座隧道中里程最长且施工难度最大的隧道。在建设中，除面临自身的地质风险，还要穿越世界文化遗产——八达岭长城核心区域，一处并行水关长城，两次下穿八达岭长城。在下穿老京张铁路百年老站青龙桥车站时，其与青龙桥火车站的最小埋深仅有 4 米，要求施工地表"零沉降"。中铁五局的建设者们在施工中运用各种新技术，攻克了隧道浅埋、涌水、长大隧道通风等技术难关，经过两年半的艰苦奋战，安全顺利贯通。在百年京张铁路青龙桥车站下方，12 公里长的京张高铁八达岭隧道穿山而过，原本需要 78 分钟才能翻越的"人字坡"，如今只要一眨眼

八达岭隧道

的工夫。这条横亘在"人"字形铁路的一撇一捺交会处的隧道，印证了中国铁路跨越百年的"大"飞跃。

崇礼正盘台隧道是京张高铁及崇礼支线全线最长隧道，是通往冬奥铁路线上的咽喉工程。隧道不仅要穿越群山，穿越脆弱的火山岩，还要下穿古长城，地质条件十分复杂。由于隧道处于富水区，必须克服涌水、塌方、岩爆等安全风险。隧道建在长线大坡度地段，面临铺轨机组动力不足的问题。中国中铁隧道局集团投入 3000 多人力，建立了 9 条独特的标准化作业线，在施工中共取得了 12 项科研成果。2018 年 11 月 11 日，正盘台隧道顺利贯通。近 13 公里的隧道，京张高铁列车 3 分钟便可穿越。

"三站"

京张高铁清河站是京张高铁全线体量最大的车站，总建筑面积14.6万平方米，分为地下两层、地上两层、局部三层。其中，首层为高铁进站厅、站台层和地铁13号线站台；二层为高架候车大厅；三层为商业服务场；地下一层为城市通廊、高铁与地铁换乘空间、地下车库；地下二层为地铁昌平线及地铁19号线支线站台层及设备层。

京张高铁八达岭长城站被称为"长城脚下的网红高铁站"，它是目前国内埋置最深的高速铁路地下车站；是目前国内最复杂的暗挖洞群车站；是目前国内单拱跨度最大的暗挖铁路隧道；是目前国内旅客提升高度最大的高速铁路地下车站，独占四个"全国之最"。

八达岭长城站地上站房依山而建，地下站房部分隐于山下的新八达岭隧道内，深度达102米。站内首次采用环形救援廊道设计，以在紧急情况下实现快速无死角救援；首次采用一次提升长大扶梯及斜行箱式电梯等先进设备。

京张高铁张家口站车站总建筑面积约9.6万平方米，站房主体为三层结构，包括地下一层、地上两层，站场规模6台16线。车站整体采用浅色建筑材质，既呼应冰雪冬奥主题，又与张家口地区自然风光融合，并用舒展的曲线将"人"字形的意向融入建筑设计中，以表达对百年京张的敬意，同时为候车厅提供更多自然采光。张家口站是2022年北京冬奥会重要交通保障设施，使张家口融入"首都一小时交通经济圈"，并与呼张和大张两条高铁线路相连，缩短了张家口市与全国各地的时空距离，对于促进京津冀协同发展、连通西部地区具有十分重要的意义。

河站东出口

达岭长城站外景

八达岭长城站站台

八达岭长城站乘客扶梯

家口站

长高铁张家口站外景(2022年8月31日王雄利摄)　张家口站进站口　　　（2022年8月31日梁向阳摄）

参考文献

[1] 汪常明. 19 世纪颜永京家族与亲族留学美国小考. 浙江档案，2017（06）.

[2] 成晓. 中国铁路之父——詹天佑. 人民交通，2017（12）.

[3] 詹同济. 詹天佑在维护路权及法规建设上的贡献. 学术研究，1994（4）.

[4] 曾鲲化. 中国铁路史. 台北：文海出版社，1973.

[5] 方一兵. 中国近代钢轨技术标准的形成与演化（1911—1936年），中国科技史杂志，2015，36（01）.

[6] 许勇. 天津武备学堂与中国铁路精英. 世纪桥，2011（21）.

[7] 詹天佑. 京张铁路工程纪略及附图. 汉口：中华工程师学会，1915.

[8] 詹司济，黄志扬，邓海成. 詹天佑生平志——詹天佑与中国铁路及工程建设. 广州：广东人民出版社，1995.

[9] 冯宏来. 京张铁路世纪情. 北京：人民武警出版社，2008.

[10] 金开诚．詹天佑与中国近代铁路．长春：吉林文史出版社，
2010．

[11] 江沛．中国近代铁路史资料选辑 54．南京：凤凰出版社，
2015．

[12] 张家口市文物考古研究所．京张铁路河北段文物遗存调查．
天津：天津古籍出版社，2018．

[13] 刘宁．非凡的詹天佑．北京：北京燕山出版社，2018．

[14] 中国铁道博物馆．詹天佑与京张铁路．北京：中国铁道出
版社有限公司，2019．

[15] 周渝慧．智慧型京张奥运高铁．北京：北京交通大学出版社，
2019．

[16] 张风奇．百年圆梦路：京张高速铁路建设走笔．北京：中
国铁路出版社有限公司，2020．

[17] 杨玲，纪丽君．京张铁路故事．南京：南京出版社，2020．

[18] 北京铁路分局．京张铁路．北京：中国铁道出版社，2001．

[19] 詹天佑逝世 70 周年京张铁路通车 80 周年纪念活动专辑．
北京：中国铁道出版社，1991．

[20] 詹同济．詹天佑书信选集．广州：华南理工大学出版社，
2006．

[21] 詹天佑科学技术发展基金会，詹天佑纪念馆．詹天佑文集．
北京：中国铁道出版社，2006．

[22] 詹同济．詹天佑文选．北京：北京燕山出版社，1993．

[23] 胡文中．詹天佑．广州：广东人民出版社，2009．

[24] 雷风行．詹天佑之路．北京：中国铁道出版社，2009．

[25] 谢放. 中国铁路之父——詹天佑. 广州：广东人民出版社，2008.

[26] 张雨良. 中国铁路源头史话. 北京：新华出版社，2018.

[27] 石玉林. 那一条天路：詹天佑与京张铁路的故事. 北京：人民出版社，2017.

[28] 经盛鸿，经姗姗. 詹天佑：从南海幼童到中国铁路之父. 广州：广东人民出版社，2018.

[29] 詹同济. 詹公天佑生平志. 詹天佑纪念馆文献，2011.

[30] 詹同济. 詹天佑评传. 珠海：珠海出版社，2008.

[31] 王嵬. 我的京张铁路：开通首段. 北京：中国铁道出版社，2017.

[32] 王嵬. 我的京张铁路：穿越关沟. 北京：中国铁道出版社，2017.

[33] 王嵬. 我的京张铁路：奔向口外. 北京：中国铁道出版社，2017.

[34] 北京市档案馆. 京张铁路百年轨迹. 北京：新华出版社，2014.

[35] 绍纯. 科学巨人詹天佑. 乌鲁木齐：新疆人民出版社，1987.

[36] 钱宁. 留学美国. 南京：江苏文艺出版社，1996.

[37] 钱纲，胡劲草. 留美幼童. 北京：当代中国出版社，2010.

[38]《詹天佑历史文献汇编》编纂委员会. 詹天佑照片集. 北京：中国铁道出版社有限公司，2020.

[39] 仝冰雪. 中国照相馆史：1859—1956. 北京：中国摄影出版社，2016.

后　记

　　记得在小学课文里就有关于京张铁路和詹天佑的内容，当时完全不会想到我将与此有什么联系，不会想到自己会在国家图书馆工作，而这里保存着詹天佑的手稿和《京张路工撮影》。2010 年，我刚接手馆藏照片采编工作，正在熟悉藏品的过程中，当看到那两册红色丝绒封面的相册时，除了感慨相册装帧的精致、其中照片的珍贵，又不由得想到去年（2009 年）刚好是京张铁路通车百年，而明年（2011年）则是詹天佑诞辰 150 周年。我和组长白鸿叶商量，我们能做些什么？于是就有了参照《京张路工撮影》追寻詹公足迹重走京张路的计划。我们决定找寻其中照片的拍摄点，以现时的影像印证百年间的变迁，唤起人们对这条铁路的关注与保护。

　　有了初步的想法，和组里同人一说，得到一致响应。于是开始做具体的规划，其一是确认拍摄点，要从照片入手；其二是确认踏查的线路，要从地图入手。随着前期准备工作的推进，原本模糊的概念慢慢变清晰。我把全线化整为零，分为几个部分，前半段以自驾车为主，青龙桥、八达岭、张家口等地坐火车前往。从 2010 年 6 月初开始前期准备，7 月 3 日第一次出行，至 2011 年 9 月，我们一共行动了 6 次。鲍国强老师为此写了首打油诗：

百年历史京张路，舆图九熊①探缘故。面，非昔比；形，仍依旧。
张垣一行真是晒，谁言酷暑熊不耐。餐，十元准；宿，铁道铺。
总局还有工程局，阜内阜外须辨析。内，总算有；外，无踪迹。
风和日丽八达岭，熊团四侠踏步行。晒，一把汗；饿，农家饭。
京张动力京门供，重走京门寒风送。风，五六级；沙，飞满天。

由于是工作以外的活动，只能利用休息日进行，经费也是大家自掏腰包，所以踏查线路的选择要以点带面，高效且经济。虽然是怀着走完京张全程的初衷，但终究败给了时间与精力，大家各自忙着工作与生活，停下了北行的脚步。

2015 年 7 月底，北京携手张家口取得 2022 年冬奥会的主办权。2016 年 4 月，京张高铁开始修建。此时，我们刚好搬回了改装完毕的馆区，打开封箱几年的藏品，重新上架。再次看到《京张路工撮影》，不由得感慨我们走过和尚未走完的那些路。当时，没有智能手机，没有 iPad，照片和踏查线路图都是打印的纸本；现在，我们可以拿着高清电子版照片做参照，随时随地可以手机定位、查线路。当时，相关的资料不多，很难找到有参考价值的信息；这些年关注京张的人多了，相关的研究成果也日渐显现。特别是年轻的铁路学者王嵬，

---

① 舆图组的博客"咫尺天下"中，9 位组员以"熊"自居，且各有名号。

以一己之力，真正是一步一个脚印，踏遍了京张路全线，出版了《我的京张铁路》系列专著，令人敬佩。

2019 年底，京张高铁全线通车，老张家口车站也结束了它的使命。旧的痕迹在一点点消失，能留下的，是他，是你，是我，曾经踏过的脚印，曾经拍下的照片。

这本书，是对 110 年京张铁路的回望，也是对我们这 12 年间与京张铁路近距离接触的纪念。感谢行走途中给予我们帮助的每一位，除第四章中提到的一些不知道名字的人外，更要感谢主动为我们提供信息的《文献》前主编王菡老师、铁路科学院张辉老师，为我们提供联络支持的北京车辆段的谢建川老师，替无法出京的我们去拍摄张家口车站的史文主任和王雄利、梁向阳老师，以及北京车辆段南口车间的门景山师傅……还要感谢参与早期踏查的同事白鸿叶、翁莹芳、鲍国强、吴碧华、王丰会，承担京张高铁北京段拍摄任务的同事易弘扬，更要感谢为成书做出贡献的舆图组可爱的女士们：第一章撰写者成二丽、第二章撰写者吴寒、第五章撰写者任昳霏、第六章撰写者翁莹芳和王双。

金靖

2022 年 7 月